Webel · Abgabenordnung

www.nwb.de

Basiswissen Steuer und Studium

Abgabenordnung

Von
Dr. Karsten Webel

nwb STUDIUM

ISBN 978-3-482-**58951-5**

Druck: Druck Partner Rübelmann, Hemsbach

Vorwort

Das Abgabenrecht ist ein grundlegendes und umfassendes Gebiet ohne dessen Kenntnis in der Praxis auch die Einzelsteuergesetze nicht erfolgreich anzuwenden sind. Folglich handelt es sich bei der als „Grundgesetz des Steuerrechts" bezeichneten AO um das unverzichtbare Rüstzeug all derer, die mit Steuern zu tun haben.

Der vorliegende Band verfolgt das Ziel, die Grundzüge der Abgabenordnung kurz, aber trotzdem nachvollziehbar darzustellen. Diesem Ansatz folgend war eine Konzentration erforderlich, der verschiedene Themen (z. B. Zuständigkeiten) geopfert wurden. Auch auf filigrane Streitstände wurde zugunsten der Darstellung der allgemeinen Grundlagen und Zusammenhänge verzichtet.

Da die behandelten Themen leicht verständlich dargestellt werden sollten, spiegelt der Umfang der einzelnen Themen nicht immer ihre tatsächliche Bedeutung wider. So sind der große Umfang der Darstellungen zu § 174 AO und zum Steuerstrafrecht lediglich einer nachvollziehbaren und schlüssigen Darstellung geschuldet.

Mein herzlicher Dank für seinen wertvollen Rat und die hilfreichen Gespräche gebührt Herrn Gerd Kähne.

Rechtsstand ist der 1. 11. 2008.

Kuddewörde, im November 2008 *Karsten Webel*

Inhaltsübersicht

Abkürzungsverzeichnis

a. E.	am Ende
Abs.	Absatz
AdV	Aussetzung der Vollziehung
AEAO	Anwendungserlass zur AO
agB	außergewöhnliche Belastung
AO	Abgabenordnung
Art.	Artikel(n)
BaföG	Bundesausbildungsförderungsgesetz
BFH	Bundesfinanzhof
BGB	Bürgerliches Gesetzbuch
Bsp.	Beispiel
Buchst.	Buchstabe
BVerfG	Bundesverfassungsgericht
bzgl.	bezüglich
bzw.	beziehungsweise
d. h.	das heißt
ErbSt	Erbschaftsteuer
ErbStG	Erbschaftsteuergesetz
ESt	Einkommensteuer
EStG	Einkommensteuergesetz
EuGH	Europäischer Gerichtshof
f.	folgende(r)
FA	Finanzamt
ff.	fortfolgende(r)
FG	Finanzgericht
FGO	Finanzgerichtsordnung
FinBeh	Finanzbehörde
FVG	Gesetz über die Finanzverwaltung
GbR	Gesellschaft des bürgerlichen Rechts

gem.	gemäß
GewSt	Gewerbesteuer
GG	Grundgesetz
ggf.	gegebenenfalls
ggü.	gegenüber
GrdESt	Grunderwerbsteuer
GrEStG	Grunderwerbsteuergesetz
h. M.	herrschende Meinung
Halbs.	Halbsatz
HGB	Handelsgesetzbuch
i. d. R.	in der Regel
i. d. S.	in diesem Sinne
i. S.	im Sinne
i. V. m.	in Verbindung mit
insb.	insbesondere
insg.	insgesamt
KapESt	Kapitalertragsteuer
KG	Kommanditgesellschaft
KSt	Körperschaftsteuer
LSt	Lohnsteuer
M. M.	Mindermeinung
Nr.	Nummer
OFD	Oberfinanzdirektion
OHG	Offene Handelsgesellschaft
OWiG	Gesetz über Ordnungswidrigkeiten
RAO	Reichsabgabenordnung
Rspr.	Rechtsprechung
S.	Seite(n)
s. o.	siehe oben
sog.	so genannt(e)

SolZ	Solidaritätszuschlag
StBerG	Steuerberatungsgesetz
StGB	Strafgesetzbuch
Stpfl.	Steuerpflichtige/Steuerpflichtiger
u. a.	unter anderem
u. U.	unter Umständen
USt	Umsatzsteuer
UStG	Umsatzsteuergesetz
usw.	und so weiter
VA	Verwaltungsakt(e)
vgl.	vergleiche
VwVfG	Verwaltungsverfahrensgesetz
VwZG	Verwaltungszustellungsgesetz
WoPG	Wohnungsbau-Prämiengesetz
z. B.	zum Beispiel

Literaturverzeichnis

- Lehrbuch Abgabenordnung, von Andrascek-Peter/Braun/Friemel/Schiml, 2007;
- Fallsammlung Abgabenordnung, von Andrascek-Peter/Braun/Friemel/Schiml, 2007;
- Steuerkompendium — Band 2: Abgabenordnung/Finanzgerichtsordnung, Umsatzsteuer, Erbschaftsteuer, von Eisele/Seßinghaus/Walkenhorst, 2007;
- Abgabenordnung, von Helmschrott/Schaeberle, 2006;
- Abgabenordnung und Finanzgerichtsordnung, von Ax/Große/Melchior, 2007;
- Abgabenordnung mit aktualisiertem Anwendungserlaß, von Brummer/Kronthaler/Neißer/Schwenke, 2007;
- Korrektur bestandskräftiger Bescheide nach § 172 AO, von Möller, Steuer und Studium 2008 S. 331 ff.;
- Die vorläufige Steuerfestsetzung nach der Abgabenordnung, von Lühn, Steuer und Studium 2008 S. 249 ff.;
- Klausurrelevante Hinweise zum Steuerstrafrecht, von Feltes/Gehm, Steuer und Studium 2008 S. 19 ff.;
- Die Korrekturvorschriften der Abgabenordnung, von Lühn, Steuer und Studium 2008 S. 4 ff.;
- Der Verwaltungsakt in der Abgabenordnung, von Pfab, Steuer und Studium 2007 S. 12 ff.

1. Grundlagen

a) Sinn und Zweck der AO

Die AO regelt unter anderem, nach welchen Regeln das steuerliche Ermittlungsverfahren durchzuführen ist, wie die Steuerfestsetzung zu erfolgen hat, wie die Steuer dann zu erheben ist und welche Rechtsbehelfe der Steuerpflichtige gegen Maßnahmen des Finanzamts hat. Diese Regelungen gelten unter anderem für die ESt, die USt und die KSt, sodass es unsinnig wäre, in jedes Steuergesetz diese Regeln erneut aufzunehmen oder kompliziert von einem Gesetz auf das andere zu verweisen. Vielmehr hat der Gesetzgeber diese allgemeinen Bestimmungen, die für alle oder mehrere Einzelsteuergesetze gelten, in einem besonderen Gesetz geregelt und dadurch die Einzelsteuergesetze entlastet. Ferner wird durch die AO eine einheitliche Behandlung auch bei verschiedenen Steuerarten sichergestellt, da die verschiedenen Steuergesetze nur in Einzelfällen abweichende oder ergänzende Regelungen enthalten, die dann allerdings rechtlichen Vorrang haben.

Daraus folgt, dass die Einzelsteuergesetze (EStG, UStG usw.) nicht alleine anwendbar sind, sondern zu ihrer Umsetzung immer der AO bedürfen, die sich wie ein Mantel um alle Einzelsteuergesetze legt bzw. den Boden bildet, auf dem die Einzelsteuern dann wachsen können. Infolge dieser grundlegenden Bedeutung für die gesamte Besteuerung wird die AO auch als „allgemeines Steuergesetz" oder „Steuergrundgesetz" bezeichnet.

Beispiel ► Will man wissen, wie die Einkommensteuer in einem bestimmten Fall festgesetzt wird, so gibt zwar das EStG Auskunft über die Höhe der Steuer, aber viele anderen Gesichtspunkte – z. B.: Welches Finanzamt ist zuständig?

Welche Fristen sind zu berücksichtigen? – ergeben sich aus der AO.

Damit eine Steuer gerecht ist, ist es nicht allein ausreichend, dass die Steuerhöhe korrekt ist, sondern auch das Verfahren, in dem die Festsetzung erfolgt, muss fair, transparent und gerecht sein. Die Finanzverwaltung darf somit nicht willkürlich entscheiden, ob, wann und wie sie vom Bürger Steuern erhebt, sondern unterliegt insoweit den Regeln der AO.

Weitere Gesetze, die für mehrere Steuerarten gelten (sog. Rahmengesetze) sind u. a. das Bewertungsgesetz, das Steuerberatungsgesetz, das Finanzverwaltungsgesetz, die Finanzgerichtsordnung und das Verwaltungszustellungsgesetz.

b) Eine kurze Geschichte der AO

Die Vorgängerin der Abgabenordnung war die im Dezember 1919 in Kraft getretene Reichsabgabenordnung (RAO). Sie ging auf einen Entwurf zurück, den der Jurist **Enno Becker** innerhalb von nur neun Monaten erarbeitete.

Mit der Reform der in den Folgejahren durch Umgestaltungen und Nebengesetze unübersichtlich gewordenen RAO wurde 1963 begonnen. Sie führte nach 12 Jahren im November 1975 zum Beschluss der AO, die zum 1. 1. 1977 in Kraft trat. Das im Hinblick auf dieses Datum als AO 1977 bezeichnete Gesetz stellt eine Mischung aus den fortentwickelten Vorschriften der RAO und des Verwaltungsverfahrensgesetzes (VwVfG) dar.

In den neuen Bundesländern galt die RAO in einer abgewandelten Form noch bis zum Beitritt im Jahre 1990 fort.

Seit dem Jahre 1987 gibt es auch einen vom Bundesminister der Finanzen erlassenen Anwendungserlass zur AO (AEAO), der zahlreiche Auslegungs- und Anwendungsregeln für die AO enthält und eine für die Finanzämter bindende Verwaltungsrichtlinie darstellt.

c) Aufbau der AO

Die AO ist gegliedert in neun Teile.

- Die Teile eins bis drei (§§ 1 bis 133 AO) enthalten einleitende Vorschriften, Begriffsbestimmungen, Definitionen und allgemeine Regelungen. Es handelt sich somit um grundlegende Bestimmungen, die für alle folgenden Teile (und die Einzelsteuergesetze) gelten, und die damit den gleichen Zweck erfüllen, wie z. B. der Allgemeine Teil im BGB oder im StGB. Besondere Bedeutung kommt den §§ 78 bis 133 AO zu, die die steuerlichen Verfahrensgrundsätze und die allgemeinen Regelungen über Verwaltungsakte enthalten. Letztere sind zwar dem VwVfG nachgebildet, enthalten aber bedeutsame Besonderheiten.
- Die Teile vier bis sechs bilden den üblichen Gang eines Besteuerungsverfahrens ab: Ermittlungsverfahren – Festsetzungsverfahren – Erhebungsverfahren – Vollstreckungsverfahren.

  Nach der Ermittlung eines steuerlich relevanten Sachverhalts (§§ 134 bis 154 AO) wird die Steuer festgesetzt (§§ 155 bis 192 AO). Diese festgesetzte Steuer wird in der Folge erhoben (§§ 218 bis 248 AO) und ggf. im Wege der Zwangsvollstreckung beigetrieben (§§ 249 bis 327 AO).
- Teil sieben regelt in den §§ 347 bis 367 AO das außergerichtliche Rechtsbehelfsverfahren. Es eröffnet im Wege des Einspruchs die Möglichkeit, die im Rahmen des in den

vorhergehenden Teilen der AO geregelten Besteuerungsverfahrens erlassenen Verwaltungsakte außergerichtlich anzugreifen und überprüfen zu lassen.
Das gerichtliche Rechtsbehelfsverfahren ist in der FGO geregelt.

- Teil acht enthält Regelungen, die diejenigen Straftaten und Ordnungswidrigkeiten erfassen, die im Zusammenhang mit Steuern im Besteuerungs- oder im Rechtsbehelfsverfahren auftreten können (§§ 369 bis 412 AO).
- Teil neun enthält lediglich Schlussvorschriften bzgl. der Einschränkung von Grundrechten und des Inkrafttretens.

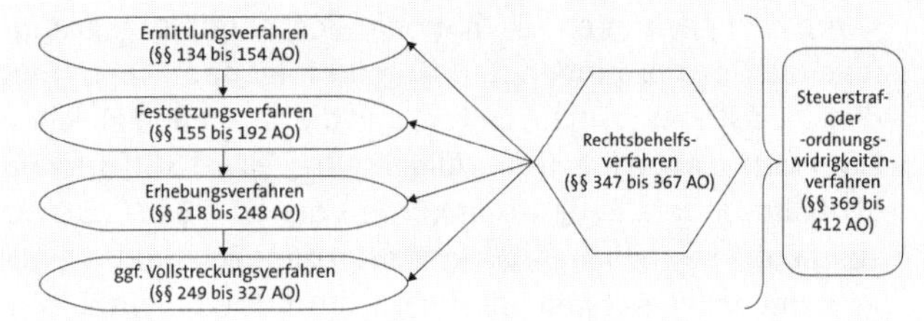

d) Systematische Stellung der AO

Es wird unterschieden zwischen öffentlichem Recht und Zivilrecht. Das **öffentliche Recht** regelt die Beziehungen zwischen dem Bürger und einer hoheitlich handelnden Behörde. Es ist geprägt vom Prinzip der Über- und Unterordnung – der Staat kann dem Bürger seinen Willen aufzwingen. Im Gegensatz dazu steht das **Zivilrecht**, in dem sich die Parteien gleichberechtigt gegenüber stehen.

Beispiel Der Autohändler A erhält einen Steuerbescheid. Dabei handelt es sich um eine einseitige Festsetzung, bei der der Bürger nicht mitreden kann und die ggf. auch mit Zwang durchgesetzt werden kann. Die entsprechenden gesetzlichen Regelungen gehören somit zum öffentlichen Recht.

Kauft die Finanzbehörde hingegen bei A einen Dienstwagen für die Steuerfahndung, so tritt sie dem A wie eine Privatperson gegenüber. Sie kann dem A nichts befehlen und sich den Wagen nicht einfach nehmen. Sie muss vielmehr mit A auf der Ebene der Gleichordnung verhandeln, sodass es sich insoweit um zivilrechtliche Beziehungen handelt.

Die Abgabenordnung gehört zum Steuerrecht, das seinerseits ein spezieller Teil des Verwaltungsrechts ist. Das Verwaltungsrecht wiederum ist ein Teil des öffentlichen Rechts, da es jeweils um ein Handeln des Staates im Verhältnis von Über- und Unterordnung geht.

e) Anwendungsbereich der AO und der Begriff der Steuer

Die AO ist gem. § 1 AO immer anwendbar, wenn Steuern bundesrechtlich geregelt sind und sie von einem Finanzamt verwaltet werden, da es sich beim Finanzamt um eine Landesfinanzbehörde handelt, vgl. § 2 Abs. 1 Nr. 3 FVG.

Soweit es sich um Realsteuern (= GewSt und GrdESt; vgl. § 3 Abs. 2 AO) handelt, teilen sich in den Flächenstaaten Finanzamt und Gemeinde die Verwaltung. Gemäß § 1 Abs. 2 AO haben auch die Gemeindebehörden die wesentlichen Bestimmungen der AO anzuwenden (Ausnahme z. B.: Rechtsbehelfsverfahren).

In § 3 AO ist der Begriff der Steuer definiert. Danach handelt es sich bei einer Forderung um eine **Steuer** i. S. des § 3 Abs. 1 AO, auf die die AO direkt anwendbar ist, wenn fünf Tatbestandsmerkmale erfüllt sind:

- Es muss sich um eine **Geldleistung** handeln, sodass Natural- und Dienstleistungen (z. B. Wehrdienst) davon nicht erfasst werden. Diese Geldleistung kann einmalig (Bsp.: ErbSt, GrdESt) oder fortlaufend (Bsp.: ESt, USt) anfallen.
- Sie muss von einem **öffentlich-rechtlichen Gemeinwesen** auferlegt werden, d. h. von den Gebietskörperschaften (Bund, Länder, Gemeinden) und bestimmten Religionsgemeinschaften, die vom Staat als öffentlich-rechtliche Körperschaften anerkannt sind.
- Die Auferlegung muss durch **einseitigen hoheitlichen Akt** erfolgen, also im Verhältnis der Über- und Unterordnung und ohne den Willen des Betroffenen. Freiwillige Leistungen wie Spenden fallen nicht darunter.
- Es darf sich **nicht** um eine **Gegenleistung für eine besondere Leistung** handeln. Der Betroffene erhält nur die „allgemeinen" staatlichen Leistungen (Straßenbau, Schulen, Sozialleistungen usw.), die von der konkreten Steuerzahlung unabhängig sind.

  Keine Steuern sind folglich Gebühren und Beiträge. **Gebühren** werden für die tatsächliche Inanspruchnahme von öffentlichen Leistungen oder Einrichtungen der öffentlichen Hand erhoben (Gerichtsgebühr, Gebühren für einen neuen Ausweis, Vollstreckungsgebühren). Der Unterschied zu **Beiträgen** liegt darin, dass diese unabhängig von der tatsächlichen Nutzung für die Bereitstellung besonderer Einrichtungen gefordert werden können (z. B. Kurtaxe, Beiträge an die Sozialversicherung). Beiträge werden von den Finanzämtern nicht erhoben.
- Die Erhebung der Geldleistungen muss zumindest als Nebenzweck der **Erzielung von Einnahmen** dienen, sodass Bußgelder und Geldstrafen davon nicht erfasst werden.

Eine Steuer ist somit eine Geldleistung, die von einem öffentlich-rechtlichen Gemeinwesen hoheitlich auferlegt wird, keine Gegenleistung für eine besondere Leistung darstellt und dem Zweck der Einnahmeerzielung dient. Zölle sind gem. § 3 Abs. 3 AO per Definition Steuern.

Steuerliche Nebenleistungen sind im Gegensatz dazu in § 3 Abs. 4 AO abschließend aufgezählt. Es handelt sich um Verspätungszuschläge (§ 152 AO), Zinsen (§§ 233 ff. AO), Säumniszuschläge (§ 240 AO), Zwangsgeld (§ 329 AO) und Kosten (§§ 178, 337 bis 345 AO). Sie werden im Zusammenhang mit dem Besteuerungsverfahren erhoben, stellen keine Steuern dar, aber gem. § 1 Abs. 3 AO ist auf sie weitgehend die AO anwendbar.

Die verschiedenen Steuerarten können nach zahlreichen Gesichtspunkten eingeteilt werden. So orientiert sich die Unterscheidung nach der **Ertragshoheit** daran, wem gem. Art. 106, 140 GG die jeweilige Steuer zusteht (Bund, Land, beiden gemeinsam, Gemeinde oder Kirche).

Häufig wird auch eine Einteilung nach der Verwaltungshoheit (Art. 108 GG) vorgenommen, die beim Bund oder bei den Ländern liegen kann. Aus der Sicht des Steuerpflichtigen ist zu unterscheiden zwischen direkten und indirekten Steuern. Bei **direkten Steuern** ist derjenige, der die Steuer wirtschaftlich trägt, auch derjenige, der die Steuer schuldet. Im Gegensatz dazu sind bei **indirekten Steuern** Steuerschuldner und Steuerträger verschiedene Personen.

Beispiel Die USt schuldet der Unternehmer, wirtschaftlich wird sie jedoch vom Endverbraucher getragen, der sie beim Kauf mitbezahlt. Im Gegensatz dazu muss der Adressat eines ESt-Bescheides die dort festgesetzte Steuer selbst und aus eigenen Mitteln bezahlen.

Die folgenden Begriffe sollten bekannt sein:

- **Realsteuern**: Sie knüpfen an ein Steuerobjekt an und gem. § 3 Abs. 2 AO handelt es sich dabei (ausschließlich) um Grundsteuer (Steuerobjekt = Grund und Boden) und Gewerbesteuer (Steuerobjekt = Gewerbebetrieb).
- **Personensteuern**: Sie knüpfen an die Leistungsfähigkeit einer Person an, z. B. ESt, KSt, ErbSt. Insoweit besteht weitgehende Identität mit dem Begriff der **Besitzsteuern**, der an den Besitz (Vermögen) oder den Erwerb (Einkommen) anknüpft.
- **Verbrauchssteuern** knüpfen an den Verbrauch eines Gegenstandes an (Tabak-, Mineralöl- oder Stromsteuer), **Verkehrssteuern** hingegen an Rechtsgeschäfte (Grunderwerbs- oder Versicherungssteuer). Die Zuordnung der USt zu einer dieser beiden Gruppen ist problematisch. Es dürfte sich aber um eine Verkehrssteuer handeln, die allerdings auch Verbrauchssteuerelemente enthält.
- Daneben gibt es noch **örtliche Steuern**, wie z. B. die Hunde- oder die Zweitwohnungssteuer.

2. Das Steuerrechtsverhältnis

Als Steuerrechtsverhältnis bezeichnet man die Gesamtheit aller steuerlichen Rechte und Pflichten, die zwischen dem Steuerberechtigten (Bund, Länder, Gemeinden, steuerberechtigte Kirchen) und dem Stpfl. (vgl. § 33 AO) bestehen. So treffen den Stpfl. z. B. Erklärungs-, Mitwirkungs- und Steuereinbehaltungspflichten. Für den Staat bestehen demgegenüber z. B. Auskunfts- und Beratungspflichten sowie die Pflicht zur fehlerfreien Ermessensausübung bei Anträgen auf Akteneinsicht oder Änderung.

Sofern sich das Steuer**rechts**verhältnis auf Leistungspflichten vermögensrechtlicher Art bezieht, wird es auch als Steuer**schuld**verhältnis bezeichnet, vgl. § 37 AO.

a) Das Steuerschuldverhältnis

§ 37 AO beschreibt das Steuerschuldverhältnis, das von gegenseitigen Ansprüchen geprägt ist. Dabei handelt es sich um Ansprüche aus dem Steuerschuldverhältnis des Staates gegen den Bürger beim Steueranspruch, Haftungsanspruch, Anspruch auf steuerliche Nebenleistungen (alle § 37 Abs. 1 AO) und beim Rückforderungsanspruch (§ 37 Abs. 2 AO).

Ansprüche des Bürgers gegen den Staat sind der Steuervergütungsanspruch (§ 37 Abs. 1 AO), der Steuererstattungsanspruch (§ 37 Abs. 2 AO) und Zinsansprüche (§§ 233a, 236 AO).

Diese Ansprüche entstehen gem. § 38 AO sobald der Tatbestand erfüllt ist, an den das Gesetz die Leistungspflicht knüpft. Diese Tatbestände ergeben sich teilweise aus der AO (z. B. Haftungsnormen der §§ 69 bis 76 AO), größtenteils jedoch aus den Einzelsteuergesetzen. Bevor ein solcher gem. § 38 AO entstandener Anspruch aber durchgesetzt werden kann, muss er erst durch einen Steuerverwaltungsakt (z. B. Steuerbescheid oder Haftungsbescheid) festgesetzt werden, vgl. § 218 Abs. 1 AO.

b) Die beteiligten Personen

Bei den am Steuerrechtsverhältnis beteiligten Personen handelt es sich um den Steuerberechtigten und den Steuerpflichtigen.

Bei dem **Steuerberechtigten** handelt es sich um die Körperschaft, der die Steuer zufließt. Folglich ist das FA nicht Steuerberechtigter, denn es vertritt nur die Steuerberechtigten Staat, Land, Kirchen und in den Stadtstaaten auch die Gemeinde.

Der Begriff des **Steuerpflichtigen** ist in § 33 AO definiert und recht weit gefasst, da er neben dem Steuerschuldner z. B. auch Haftende, Abführungspflichtige, Erklärungspflichtige und Aufzeichnungspflichtige umfasst. Die größte Bedeutung kommt allerdings dem Steuerschuldner zu, d. h. demjenigen, der eine Steuer für eigene Rechnung selbst zu entrichten hat oder für dessen Rechnung ein anderer die Steuer entrichten muss. Wer dies ist, bestimmen die Steuergesetze (§ 43 Satz 1 AO), wobei es sich meist um denjenigen handelt, der den Tatbestand eines Steuergesetzes verwirklicht (§ 38 AO). Es sind allerdings drei Besonderheiten zu beachten:

- Entsprechend der zivilrechtlichen Eigentumszuordnung werden Wirtschaftsgüter gem. § 39 Abs. 1 AO auch steuerlich dem rechtlichen Eigentümer zugeordnet. Eine Ausnahme hiervon gilt allerdings gem. § 39 Abs. 2 Nr. 1 AO, sofern ein anderer der **wirtschaftliche Eigentümer** ist. In diesem Fall wird das Wirtschaftsgut nicht dem zivilrechtlichen, sondern dem wirtschaftlichen Eigentümer (z. B. Pächter, Leasingnehmer) zugerechnet.

- Eine weitere Besonderheit besteht bei **Gesamtschuldnern** i. S. des § 44 AO. Es handelt sich dabei um ein aus dem bürgerlichen Recht stammendes Rechtsinstitut (vgl. § 421 BGB), aufgrund dessen jeder Gesamtschuldner die gesamte Leistung schuldet (§ 44 Abs. 1 Satz 2 AO). Das FA als Gläubiger kann von jedem einzelnen Gesamtschuldner oder von mehreren die Begleichung der gesamten Steuerschuld fordern, die Steuerpflichtigen schulden die Leistung jedoch insgesamt nur einmal. Bis zur vollständigen Tilgung bleiben alle Gesamtschuldner zur Erfüllung des gesamten Restbetrages verpflichtet. Es handelt sich somit um eine sehr vorteilhafte Sicherung für den Gläubiger, da mehrere Schuldner für den ganzen Betrag einstehen. Leistet ein Gesamtschuldner, befreit er damit die anderen von der Leistungspflicht und erwirbt seinerseits einen zivilrechtlichen Ausgleichsanspruch gegen die anderen Gesamtschuldner (§ 426 Abs. 2 BGB).

  Typische Beispiele für die Gesamtschuldnerschaft im steuerlichen Bereich sind

  - die **Zusammenveranlagung** (z. B. § 26b EStG bzgl. Ehegatten),
  - die **gesetzliche Mehrheit von Schuldnern**, wenn das Gesetz bestimmt, dass mehrere Personen eine Steuer schulden (z. B. Schenker und Beschenkter bzgl. der Schenkungssteuer, § 20 Abs. 1 ErbStG; Verkäufer und Erwerber bzgl. der Grunderwerbsteuer, § 13 GrEStG),
  - **Haupt- und Haftungsschuldner** (z. B. §§ 69 und 71 AO bzgl. Steuerschuldner und Geschäftsführer als Haftungsschuldner).

- Auch der Begriff der **Gesamtrechtsnachfolge** stammt aus dem Zivilrecht. Gemäß § 45 Abs. 1 AO handelt es sich dabei abgabenrechtlich um den Übergang des Vermögens als Ganzes durch Rechtsakt auf einen Rechtsnachfolger. Beispielhaft sind zu nennen **Erbfälle** (§§ 1922 ff. BGB), die Begründung einer **Gütergemeinschaft** (§ 1416 Abs. 2 BGB) oder die **Verschmelzung von Gesellschaften**.
  Der Gesamtrechtsnachfolger tritt in vollem Umfang in die Rechtsstellung des Vorgängers ein, sodass auch alle Forderungen und Schulden aus dem Steuerschuldverhältnis auf den Gesamtrechtsnachfolger übergehen. Dadurch besteht die Möglichkeit, die Ansprüche gegen eine natürliche oder juristische Person noch fest- und durchzusetzen, selbst wenn der ursprüngliche Steuerschuldner nicht mehr existent ist.
  Die jeweilige Schuld geht auch in der Form über, in der sie gegen den Rechtsvorgänger bestand. Folglich kann z. B. ein unanfechtbarer Bescheid auch nicht mehr vom Erben angefochten werden, vgl. auch § 166 AO. Eine Ausnahme besteht nach § 45 Abs. 1 Satz 2 AO lediglich für Zwangsgelder im Erbfall.

Von der Frage, wer Steuerpflichtiger ist, ist zu unterscheiden, wer die Steuerpflicht gegenüber dem FA letztendlich zu erfüllen hat. Maßgeblich ist insoweit § 79 AO, denn nur wer nach dieser Vorschrift **handlungsfähig** ist, darf selbst Verfahrenshandlungen vornehmen und auch nur gegenüber dieser Person können Verfahrenshandlungen vorgenommen werden. Im Bereich der steuerrechtsfähigen, aber nicht handlungsfähigen Personen ergibt sich die jeweilige Vertretung i. d. R. aus § 34 AO.

Nach § 79 Abs. 1 Nr. 1 und 2 AO handlungsfähig sind somit voll geschäftsfähige Personen (vgl. §§ 104, 106 BGB) und partiell geschäftsfähige in dem Bereich, für den sie ermächtigt sind (vgl. §§ 112, 113 BGB).

Beispiel ► Der 17-jährige C betreibt mit Genehmigung seiner Eltern und des Vormundschaftsgerichts einen Computerladen. Inwieweit ist er steuerlich handlungsfähig?

Lösung ► C ist berechtigt und verpflichtet, alle mit diesem Geschäft zusammenhängenden Steuererklärungen abzugeben. Folglich kann er die USt- und die GewSt-Erklärung selbst unterschreiben und einreichen.

Im Gegensatz dazu umfasst die ESt-Erklärung auch Aussagen zu Einkünfte, Sonderausgaben und außergewöhnliche Belastungen, die mit dem Computerladen nichts zu tun haben und auf die sich die partielle Geschäfts- und Handlungsfähigkeit des C somit nicht bezieht. Folglich muss die ESt-Erklärung von den gesetzlichen Vertretern des C, d. h. seinen Eltern (§ 1629 BGB) unterzeichnet werden. Unterschreibt C sie dennoch selbst und weist das FA sie nicht wegen der mangelnden Handlungsfähigkeit des C zurück, so können die Eltern die Abgabe der Erklärung noch nachträglich genehmigen und wirksam machen.

Für diejenigen, die nicht handlungsfähig sind, müssen die steuerlichen Pflichten durch den jeweiligen **gesetzlichen Vertreter** wahrgenommen werden. Nicht handlungsfähig sind z. B.

- Minderjährige (Vertreter gem. § 34 Abs. 1 Alt. 1 AO: Eltern gem. § 1629 BGB),
- Personen, die aufgrund einer psychischen Krankheit ihre Angelegenheiten nicht selbst besorgen können (Vertreter gem. § 34 Abs. 1 Alt. 1 AO: Vormund oder Betreuer, §§ 1773, 1909 BGB),

- juristische Personen / Personengesellschaften (Vertreter gem. § 34 Abs. 1 Alt. 2 und 3 AO: Geschäftsführer gem. § 125 HGB, Vorstand gem. § 78 AktG),
- insolvente Betriebe (Vertreter gem. § 34 Abs. 3 AO: Insolvenzverwalter gem. § 56 InsO),
- Erbengemeinschaften (Vertreter gem. § 34 Abs. 3 AO: Nachlassverwalter, § 1985 BGB),
- Behörden wie z. B. Finanzämter (Vertreter gem. FVG der Behördenleiter oder ein Beauftragter).

c) Die Übertragung der Handlungspflicht

Für den Stpfl. besteht die Möglichkeit, einen Dritten gem. § 80 AO zu bevollmächtigen und damit die Wahrnehmung der steuerlichen Pflichten auf eine andere Person zu übertragen. Der Stpfl. bleibt in diesem Fall aber weiterhin verpflichtet. Trotzdem ergibt sich daraus für den Stpfl. eine erhebliche Arbeitsersparnis, da der **Bevollmächtigte** für ihn alle Verfahrenshandlungen vornehmen kann; Ausnahme: Entgegennahme von Steuererstattungen und Steuervergütungen, § 80 Abs. 1 Satz 2 2. Halbs. AO (vgl. auch AEAO zu § 80 Nr. 2).

Das Verhältnis der beteiligten Personen lässt sich wie folgt darstellen:

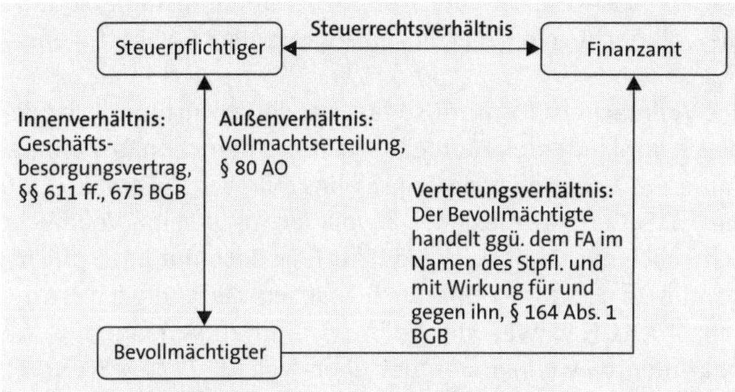

Der **Bevollmächtigte** muss grundsätzlich die Befugnis zur geschäftsmäßigen Hilfeleistung in Steuersachen haben (§ 2 StBerG; Bsp.: Steuerberater, Wirtschaftsprüfer, Rechtsanwälte, Steuerberater- oder Wirtschaftsprüfergesellschaften, nur eingeschränkt LSt-Hilfevereine). Ist dies nicht der Fall, so ist der Bevollmächtigte nach § 80 Abs. 5 AO vom FA zurückzuweisen und es kann ein Bußgeldverfahren nach §§ 5 Abs. 2, 160 StBerG eingeleitet werden.

Zwischen dem Bevollmächtigten und dem Stpfl. besteht eine Beziehung, bei der nach Innen- und Außenverhältnis zu unterscheiden ist. Im **Innenverhältnis** besteht zwischen beiden ein zivilrechtlicher Geschäftsbesorgungsvertrag, aus dem sich die Pflichten der Parteien ergeben (Bsp.: Stpfl. = Honorarzahlung, Berater = Erstellung der Steuererklärung). Dieses Innenverhältnis hat für das Besteuerungsverfahren keine Bedeutung.

Das **Außenverhältnis** besteht in der Erteilung der Vollmacht gem. § 80 AO. Dafür müssen beide Parteien handlungsfähig

i. S. des § 79 AO sein. Ist der Stpfl. nicht handlungsfähig, so kann die Vollmacht sein gesetzlicher Vertreter (§ 34 AO) erteilen.

Die **Vollmacht** ist formfrei, sodass sie schriftlich, mündlich oder durch konkludentes Handeln erteilt werden kann, als Innen-, Außen-, Duldungs- oder Anscheinsvollmacht. Gemäß § 80 Abs. 1 Satz 3 AO muss der Bevollmächtigte seine Vollmacht schriftlich nachweisen, wovon das FA jedoch nur nach pflichtgemäßem Ermessen Gebrauch machen darf. Folglich ist der schriftliche Nachweis der Vollmacht nur zu verlangen, wenn begründete Zweifel daran bestehen (vgl. AEAO zu § 80 Nr. 1). Wurde die Vollmacht trotz korrekter Anforderung nicht vorgelegt, so wird der Bevollmächtigte zurückgewiesen, § 80 Abs. 5 AO analog.

Da der Bevollmächtigte ggü. dem FA im Namen des Stpfl. und mit Wirkung für und gegen ihn handelt, wird auch das Verschulden des Bevollmächtigten dem Stpfl. zugerechnet, vgl. §§ 110 Abs. 1 Satz 2 (vgl. S. 47 ff.), 152 Abs. 1 Satz 3, 173 Abs. 1 Nr. 2 AO. Die Behörde soll sich gem. § 80 Abs. 3 AO auch vorrangig an den Bevollmächtigten wenden, sodass eine Abweichung davon nur in atypischen Ausnahmefällen angezeigt ist. Darüber hinaus können bei Vorliegen einer Empfangs- und Zustellungsvollmacht dem Bevollmächtigten auch die für den Stpfl. bestimmten VA bekannt gegeben werden, § 122 Abs. 1 Satz 3 AO und AEAO zu § 122 Nr. 1.7.

Die Vollmacht endet

- durch Widerruf in dem Zeitpunkt, in dem der Widerruf dem FA zugeht (§ 80 Abs. 1 Satz 4 AO),
- durch Niederlegung des Mandates durch den Steuerberater,
- durch Zweckerledigung (Bsp.: Vollmacht nur für ESt 2005) oder

- durch Handlungsunfähigkeit oder Tod des Bevollmächtigten.

Sie endet hingegen nicht durch den Tod oder anderweitige Änderungen in der Person des Vollmachtgebers, vgl. § 80 Abs. 2 AO.

d) Die Entstehung der Ansprüche aus dem Steuerrechtsverhältnis

Gemäß § 38 AO entstehen Ansprüche aus dem Steuerrechtsverhältnis in dem Zeitpunkt, in dem der Tatbestand verwirklicht ist, an den das Gesetz die Leistungspflicht anknüpft. Folglich entstehen die Ansprüche **kraft Gesetzes**, ohne die Festsetzung durch die FinBeh und auch ohne, dass der Steuerschuldner etwas davon wissen muss.

Mit der Entstehung steht die Höhe des Anspruchs materiellrechtlich fest, sodass die Festsetzung durch VA möglich ist. Abgesehen davon kommt der Entstehung aber auch aus anderen Gründen Bedeutung zu:

- Die **Festsetzungsverjährung** beginnt mit Ablauf des Jahres, in dem die Steuer entstanden ist (vgl. S. 187 ff.);
- Voraussetzung für die **Aufrechnung** ist, dass der Anspruch entstanden ist (vgl. S. 184 f.);
- die **Haftung des Betriebsübernehmers** erstreckt sich gem. § 75 AO lediglich auf die Steuern, die seit dem Beginn des letzten vor der Übereignung liegenden Kalenderjahres entstanden sind (vgl. S. 203 ff.);
- es ist auch eine **Abtretung** von Erstattungs- und Vergütungsansprüchen möglich (§ 46 Abs. 2 AO), die ebenso wie die **Pfändung** dieser Ansprüche (§ 46 Abs. 6 AO) erst nach deren Entstehung zulässig ist.

Ferner ist der Entstehungszeitpunkt z. B. im Insolvenzverfahren und im Hinblick auf die Gewinnermittlung von Bedeutung.

Der genaue Zeitpunkt der Entstehung der Ansprüche aus dem Steuerrechtsverhältnis ergibt sich allerdings häufig nicht aus § 38 AO, sondern aus den Einzelsteuergesetzen. So entsteht die **ESt** gem. § 36 Abs. 1 EStG mit Ablauf des Kalenderjahres, die **LSt** mit Zufluss des Arbeitslohnes an den Arbeitnehmer (= Auszahlung oder Gutschrift), § 38 Abs. 2 Satz 2 EStG, und die **USt** für Lieferung oder sonstige Leistungen gem. § 13 Abs. 1 Nr. 1a UStG mit dem Ablauf des Voranmeldezeitraumes, in dem die Lieferung oder sonstige Leistung ausgeführt wurde.

Der Entstehungszeitpunkt für **steuerliche Nebenleistungen** bestimmt sich nach § 38 AO, sodass die Verwirklichung des jeweiligen Tatbestandes maßgeblich ist.

Beispiele Verspätungszuschläge und Zwangsgelder entstehen mit Bekanntgabe der Festsetzung, da es sich um Ermessensentscheidungen handelt; Säumniszuschläge entstehen gem. § 240 AO hingegen, wenn die Steuer nicht zum Ablauf des Fälligkeitstages entrichtet wurde.

Auch **Haftungsansprüche** entstehen mit der Verwirklichung des Haftungstatbestandes (vgl. § 191 Abs. 3 Satz 3 AO), ohne dass es auf die Inanspruchnahme des Haftenden durch einen Haftungsbescheid ankommt. Ferner entstehen **Erstattungsansprüche** zu dem Zeitpunkt, in dem alle tatbestandlichen Voraussetzungen für eine Erstattung vorliegen. Prämien und Zulagen entstehen hingegen i. d. R., wenn während eines bestimmten Zeitraumes (z. B. Kalenderjahr) ein gesetzlicher Tatbestand erfüllt wurde, zum Ablauf dieses Zeitraumes, vgl. z. B. § 4 Abs. 1 Satz 1 WoPG.

3. Fristen, Termine und Wiedereinsetzung

a) Termine

Ein Termin ist ein **Zeitpunkt**, an dem eine Handlung vorzunehmen ist oder eine Rechtsfolge eintreten soll.

Beispiel a) Der Stpfl. wird vom FA gem. § 93 Abs. 5 Satz 1 AO zu einer mündlichen Auskunft an Amtsstelle für den 20. 11. um 9.00 Uhr geladen.

b) Das FA fordert den Stpfl. auf, rückständige Beträge bis spätestens zum 1. 12. zu zahlen.

c) Gemäß § 37 Abs. 1 EStG hat der Stpfl. am 10. 3., 10. 6., 10. 9. und 10. 12. Vorauszahlungen auf die ESt zu leisten.

Handelt es sich bei a), b) und c) um Termine?

Lösung a) Es handelt sich um einen Termin, da die geforderte Auskunftsleistung nur zum angegebenen Datum geleistet werden kann, weder davor, noch danach.

b) Es ist nicht zwingend erforderlich, dass der Stpfl. exakt am 1. 12. zahlt („... bis zum ...“). Es wurde lediglich ein Tag zur Abgrenzung eines Zeitraumes benannt, sodass es sich nicht um einen Termin handelt.

c) Auch wenn die gesetzliche Formulierung den Eindruck erweckt, so handelt es sich doch nicht um Termine, da der Stpfl. eben nicht z. B. am 10. 3. leisten muss, sondern auch z. B. am 2., 4. oder 7. 3. leisten kann. Auch hier geht es nicht um einen Zeitpunkt, sondern um einen Zeitraum, sodass nicht § 108 Abs. 5 AO, sondern § 108 Abs. 3 AO anwendbar ist.

Termine sind – unabhängig davon, ob sie auf einen Samstag, Sonntag oder Feiertag fallen – einzuhalten, § 108 Abs. 5 AO. Allerdings kommt Terminen im Steuerrecht keine große Bedeutung zu.

b) Fristen

Eine Frist ist ein **Zeitraum**, in dem Rechte ausgeübt oder nicht ausgeübt werden können oder Pflichten zu erfüllen sind und nach deren Ablauf rechtliche Folgen eintreten.

(1) Fristarten

Es ist zu unterscheiden zwischen behördlichen und gesetzlichen Fristen.

Behördliche Fristen werden im Einzelfall von einer FinBeh nach pflichtgemäßem Ermessen (§ 5 AO) gesetzt.

Beispiele Stundungsfrist (§ 222 AO), Fristen bzgl. der AdV (§ 361 Abs. 2 AO) und Fristen zur Erteilung von Auskünften (§ 93 AO).

Aus der Nichtbeachtung dieser behördlichen Fristen können sich unterschiedliche Folgen ergeben, z. B. der Beginn der Zwangsvollstreckung, die Durchführung weiterer Ermittlungsmaßnahmen oder die Schätzungsbefugnis.

Behördliche Fristen können stets verlängert werden, selbst wenn sie schon abgelaufen sind, § 109 Abs. 1 AO. Deshalb gibt es bei behördlichen Fristen keine Wiedereinsetzung gem. § 110 AO.

Gesetzliche Fristen sind solche, die sich unmittelbar aus dem Gesetz ergeben

- Einkommensteuer-Vorauszahlungen nach § 37 Abs. 1 EStG
- oder deren Dauer gesetzlich festgelegt ist.

Beispiel Einspruchsfrist (§ 355 AO); Verjährungsfristen (§§ 169, 228 AO).

Aus dem Ablauf von gesetzlichen Fristen ergeben sich für den Stpfl. und die Finanzverwaltung unterschiedliche Rechtsfolgen, z. B. das Entstehen von Säumniszuschlägen, der Verlust des Rechts auf Einspruchseinlegung oder auf Durchführung der Veranlagung.

Gesetzliche können im Gegensatz zu behördlichen Fristen grundsätzlich weder von der FinBeh noch von einem Gericht verlängert werden. Ausnahmen ergeben sich allenfalls aus dem Gesetz, so z. B. in § 109 Abs. 1 Satz 1 AO bzgl. der Abgabefristen für Steuererklärungen. Wird eine gesetzliche Frist versäumt, so besteht jedoch die Möglichkeit der Wiedereinsetzung gem. § 110 AO.

(2) Fristberechnung

Für die Fristberechnung gelten gem. § 108 Abs. 1 AO grundsätzlich die §§ 187 bis 193 BGB. Allerdings enthalten § 108 Abs. 2 bis 6 Sonderregelungen, die den zivilrechtlichen Regelungen vorgehen und der Vereinfachung dienen. Gerechnet wird jeweils in vollen Tagen.

Die Berechnung erfolgt immer in drei Schritten: Beginn der Frist, Dauer der Frist, Ende der Frist.

(a) Beginn der Frist

Beginnt die Frist mit einem bestimmten Tag (sog. **Tagesbeginnfrist**), so ist der Tag des Fristbeginns gem. § 187 Abs. 2 Satz 1 BGB mitzuzählen. Die Frist beginnt somit an dem bestimmten Tag um 0 Uhr.

Beispiel ► Beginn eines Mietverhältnisses.

Tagesbeginnfristen spielen im Steuerrecht nur eine untergeordnete Rolle.

Ist der Fristbeginn hingegen von einem bestimmten Ereignis abhängig (z. B. Bekanntgabe eines Steuerbescheides, Ablauf eines Kalenderjahres), so handelt es sich um eine sog. **Ereignisfrist**. In diesem Fall wird der Tag, an dem das Ereignis stattfindet, nicht mitgezählt. Die Frist beginnt somit erst am nächsten Tag um 0 Uhr.

Beispiel ► Dem S wird der Steuerbescheid am 15. 6. um 10 Uhr bekannt gegeben. Die Einspruchsfrist (§ 355 AO) beginnt am 16. 6. um 0 Uhr zu laufen.

Es sind insoweit allerdings einige Besonderheiten zu beachten:

- Ist das maßgebliche Ereignis die **Bekanntgabe eines schriftlichen VA**, so ist bei der Berechnung des Zugangstages § 122 AO maßgeblich.
  Erfolgt eine förmliche Zustellung i. S. des § 122 Abs. 5 AO nach den Vorschriften des VwZG (z. B. Postzustellungsurkunde, Empfangsbekenntnis), so gilt der entsprechend festgehaltene Zustellungstag.
  In der Regel werden Steuer-VAs jedoch per Post durch einfachen Brief übermittelt (sog. einfache Bekanntgabe), sodass der Tag des Zugangs durch eine Fiktion gem. § 122

Abs. 2 AO festgelegt wird. Bei Übermittlungen im Inland gilt der VA danach am dritten Tag nach Aufgabe zur Post als bekannt gegeben. Ausnahmen gelten insoweit lediglich, wenn der Stpfl. geltend macht, dass der VA ihm nicht oder erst später als innerhalb von drei Tagen zugegangen sei. In diesem Fall muss die FinBeh die Behauptung des Stpfl. widerlegen, wozu sie aufgrund der Zustellung durch einfachen Brief i. d. R. nicht in der Lage ist. Greift die Drei-Tages-Fiktion ein, so ist ein tatsächlich früherer Zugang unbeachtlich (siehe Beispiel 1).
Fällt der Zugang gem. § 122 Abs. 2 AO auf einen Samstag, Sonn- oder Feiertag so verschiebt sich der Bekanntgabetag gem. § 108 Abs. 3 AO in analoger Anwendung auf den nächstfolgenden Werktag (siehe Beispiel 2).

- **Verjährungsfristen** beginnen stets mit Ablauf eines Kalenderjahres, vgl. §§ 170 Abs. 1, 229 Abs. 1 Satz 1 AO.
- Auch das **Lebensalters** ist eine Ereignisfrist, da der Beginn von einem Ereignis (= Geburt) abhängig ist. Trotzdem ergibt sich aus § 187 Abs. 2 Satz 2 BGB, dass der Tag der Geburt mitgezählt wird (siehe Beispiel 3).

Beispiel 1 Der ESt-Bescheid wird am 24. 2. (Dienstag) zur Post gegeben. Der Stpfl. teilt mit, dass ihm der Bescheid bereits am 25. 2. zugegangen sei. Welches Datum ist maßgeblich für den Fristbeginn?

Lösung Der Bescheid gilt am 27. 2. als bekannt gegeben. Bezüglich der Fristberechnung bleibt es bei der gesetzlichen Bekanntgabevermutung, da diese im Falle von Bekanntgaben vor dem dritten Tag nicht widerlegbar ist. Dies folgt daraus, dass § 122 Abs. 2 AO eine Widerlegung nur für den Fall eines unterbliebenen oder späteren, nicht jedoch eines früheren Zugangs vorsieht.

Beispiel 2 ► Ein Steuerbescheid wird am Dienstag vor Ostern zur Post gegeben und beim Stpfl. am Gründonnerstag in den Briefkasten eingeworfen. Welcher Tag ist maßgeblich für den Fristbeginn?

Lösung ► Nach § 122 Abs. 2 AO ist der Brief am (Kar-) Freitag zugegangen. Da es sich um einen Feiertag handelt, ist gem. § 108 Abs. 3 AO analog der nächstfolgende Werktag maßgeblich. Dabei handelt es sich um den folgenden Dienstag, da Samstag, Sonntag und Ostermontag (= Feiertag) nicht zu berücksichtigen sind.

Beispiel 3 ► K wurde am 20. 11. 2000 um 19 Uhr geboren. Folglich wird er mit Ablauf des 19. 11. 2018 volljährig. Die Berechnung entspricht somit der bei einer Tagesbeginnfrist.

(b) Dauer der Frist

Die Fristdauer ist gesetzlich geregelt und kann sich bemessen nach Jahren (z. B. §§ 110 Abs. 3 AO, 46 Abs. 2 Nr. 8 Satz 2 EStG), Monaten (z. B. §§ 110 Abs. 2, 355 Abs. 1 AO) oder Tagen (z. B. § 240 Abs. 3 AO).

(c) Ende der Frist

Im Hinblick auf das Fristende ist zu unterscheiden zwischen Tagesfristen einerseits und Wochen-, Monats- oder Jahresfristen andererseits.

Eine nach Tagen bemessene Frist endet gem. § 108 Abs. 1 AO i.V.m. § 188 Abs. 1 BGB mit Ablauf des letzten Tages der Frist. Es ist somit die Anzahl der Tage abzuzählen.

Insoweit sind §§ 198 Abs. 3 AO und 193 BGB zu beachten.

Bei einer nach Wochen, Monaten oder Jahren bemessenen Frist wird das Fristende nach § 108 Abs. 1 AO i. V. m. § 188 Abs. 2 BGB bestimmt. Danach endet eine Ereignisfrist mit Ablauf des Tages, der die gleiche Zahl trägt wie der Tag des Ereignisses.

Allerdings ist § 108 Abs. 3 AO für Samstage, Sonn- und Feiertage ebenso zu beachten wie § 188 Abs. 3 BGB. Aus der letztgenannten Vorschrift ergibt sich, dass für den Fall, dass in dem Monat, in dem die Frist endet, der Tag fehlt, der die gleiche Zahl wie der Tag des Ereignisses trägt, an seine Stelle der letzte Tag des Monats tritt.

Beispiel Der Steuerbescheid ist gem. § 122 Abs. 2 AO am 31. 1. zugegangen. Wann endet die einmonatige Einspruchsfrist?

Lösung Die Frist würde mit Ablauf des 31. des Folgemonats enden, den es allerdings im Februar nicht gibt. Die Frist endet daher mit Ablauf des letzten Tages des Februars.

Im Hinblick auf die Fristwahrung ist ein praktischer Gesichtspunkt zu berücksichtigen. In den Finanzämtern, die einen „normalen" Hausbriefkasten und keinen Nachtbriefkasten haben, durch den sich feststellen lässt, ob ein Brief vor oder nach Mitternacht eingeworfen wurde, gilt die sog. **Frühleerungs-Regel**. Danach gilt, dass alle Briefe, die am Morgen bei der ersten Leerung vorgefunden werden, den Eingangsstempel vom Vortag erhalten.

Beispiel Die Einspruchsfrist läuft am 12. 7. um 24 Uhr ab. Da der P den Brief aber erst auf dem Rückweg von einer Feier einwirft, gelangt er am 13. 7. um 2.30 Uhr morgens in den

Hausbriefkasten des FA. Wird der Einspruch wegen Fristversäumnis als unzulässig verworfen?

Lösung Da der Brief am 13. 7. bei der ersten Leerung des Hausbriefkastens vorgefunden wird und nicht mit Sicherheit gesagt werden kann, ob er nach der letzten Leerung am 12. oder am 13. eingeworfen wurde, erhält er den Eingangsstempel vom 12. 7. Folglich wird der Einspruch nicht wegen der Versäumung der Einspruchsfrist als unzulässig verworfen.

Ein Stpfl. kann sich allerdings nicht mit Erfolg auf diese Verfahrensweise des FA berufen.

(d) Prüfungsschema

Daraus ergibt sich für den Normalfall eines schriftlichen VA, der gem. § 122 Abs. 2 AO bekannt gegeben wird, das folgende Prüfungsschema, das anhand eines VA verdeutlicht werden soll, der am Mittwoch, dem 29. 8. zur Post geht. Fraglich ist, wann die einmonatige Rechtsbehelfsfrist des § 355 AO endet.

(a) Zur Post:	29. 8.
(b) 3-Tages-Fiktion:	1. 9.
(c) § 108 Abs. 3 AO?	3. 9., da es sich beim 1. 9. um einen Samstag handelt.
(d) Monatsfrist:	3. 10.
(e) § 108 Abs. 3 AO?	4. 10., da es sich beim 3. 10. um einen Feiertag handelt.
(f) Ablauf Einspruchsfrist:	4. 10.

c) Wiedereinsetzung in den vorigen Stand

Für bestimmte Fristen ist gem. § 109 AO die Verlängerung zugelassen. Soweit es sich hingegen um eine gesetzliche, nicht verlängerbare Frist handelt, zieht ihre Versäumnis grundsätzlich den Verlust des mit ihr verbundenen Rechts oder den Eintritt anderweitiger negativer Folgen nach sich.

Beispiel Ein verspäteter Einspruch ist gem. § 358 Satz 2 AO als unzulässig zu verwerfen.

Aus Gründen der Gerechtigkeit ist der Betroffene allerdings unter bestimmten Voraussetzungen durch die Wiedereinsetzung in den vorigen Stand so zu stellen, als habe er die versäumte Handlung rechtzeitig vorgenommen.

Auch im **finanzgerichtlichen Verfahren** ist nach § 56 FGO eine Wiedereinsetzung möglich, wobei zu berücksichtigen, dass die Wiedereinsetzungsfrist nicht einen Monat wie bei § 110 AO beträgt, sondern grundsätzlich nur zwei Wochen.

Folgende Voraussetzungen sind für eine Wiedereinsetzung nach § 110 AO erforderlich:

(1) Tatsächliche Verhinderung an der Fristeinhaltung

Verhindert i. S. des § 110 Abs. 1 AO ist, wer wegen äußeren Umständen oder aus persönlichen Gründen objektiv nicht in der Lage ist, die Frist zu wahren. Eine bloße Erschwernis reicht insoweit allerdings nicht aus.

Beispiel Der Stpfl. bricht sich zwei Wochen vor Ende der Einspruchsfrist den rechten Arm, sodass er aufgrund des Gipsverbandes den Einspruch nicht schreiben kann. Ist er i. S. des § 110 AO verhindert?

Lösung Der Stpfl. kann zwar den Einspruch nicht selbst schreiben, aber er könnte fremde Hilfe in Anspruch nehmen oder den Einspruch zur Niederschrift erklären. Folglich handelt es sich hier nur um eine Erschwernis, aber nicht um eine Verhinderung i. S. des § 110 AO.

Etwas anderes würde jedoch gelten, wenn der Stpfl. den Einspruch am letzten Abend der Frist schreiben und dann zum Amt bringen wollte, sich beim Verlassen seiner Wohnung um 22 Uhr aber ein Bein bricht, ins Krankenhaus muss und an diesem Abend das FA nicht mehr erreichen kann.

(2) Kein Verschulden der Fristversäumung

Eine Widereinsetzung kommt nicht in Frage, wenn der Stpfl. die Frist schuldhaft (= **vorsätzlich** oder **fahrlässig**) versäumt hat, sodass auch schon leichtes Verschulden schädlich ist. Die Fristversäumnis ist jedoch schuldlos, wenn der Stpfl. alles getan hat, was ihm nach den Umständen des Einzelfalls zumutbar war, um die Frist einzuhalten. Maßstab dafür ist, was einem gewissenhaften Beteiligten nach den Umständen objektiv zumutbar ist.

Es liegt z. B. kein Verschulden bzgl. der Versäumung einer Frist vor, wenn die folgenden Dinge ursächlich waren: schwere, unvermutete und plötzliche Krankheit; Poststreik; bei Privatleuten ein Urlaub bis sechs Wochen Dauer; falsche Auskunft des zuständigen Finanzbeamten bzgl. des Fristablaufes ggü. dem Stpfl.; Fälle des § 126 Abs. 3 AO. Es kann dem Stpfl. auch nicht vorgeworfen werden, wenn er eine Frist bis zum letzten Augenblick ausnutzt, da er das Recht hat, z. B. den Einspruch am letzten Tag um 24 Uhr einzuwerfen. Allerdings geht das sich daraus ergebende Risiko zulasten des Stpfl.

Beispiel Der Stpfl. ist Arzt in der Notaufnahme eines Krankenhaus und will am letzten Tag der Einspruchsfrist seinen Einspruch nach seinem Dienst, der bis 22 Uhr geht, bei dem nahe gelegenen FA einwerfen.

Sollte an diesem Abend kurz vor Dienstschluss ein Unfallopfer eingeliefert werden, sodass der Stpfl. nicht mehr in der Lage ist, den Einspruch fristgemäß einzuwerfen, so ist die Verspätung durch den Stpfl. verschuldet, da er bei seinem Beruf mit solchen Notfällen rechnen muss.

Ein Verschulden ist zu bejahen in folgenden Fällen: Vorhersehbarer Krankenhausaufenthalt; Urlaub über sechs Wochen bei Privatleuten ohne einen Vertreter oder Nachsendeauftrag; Urlaub eines Geschäftsmanns ohne Vertreter; Arbeitsüberlastung; Unterfrankierung des Umschlags; Übersendung an die falsche Adresse. Auch eine nur kurzfristige Fristüberschreitung ist kein Entschuldigungsgrund.

Der Steuerpflichtige hat jedoch nicht nur sein eigenes Verschulden zu vertreten, sondern er muss sich gem. § 110 Abs. 1 Satz 2 AO auch das **Verhalten seines Vertreters** zurechnen lassen. Vertreter i. d. S. sind Bevollmächtigte gem. § 80 Abs. 1 AO (z. B. Steuerberater) und gesetzlicher Vertreter i. S. des § 34 Abs. 1 AO (z. B. Eltern und GmbH-Geschäftsführer). Ihm wird hingegen nicht das Verschulden anderer **Hilfspersonen** zugerechnet, die nicht seine Vertreter sind. Insoweit kann der Stpfl. allenfalls selbst schuldhaft handeln, wenn er bei deren Auswahl und Überwachung nicht die notwendige Sorgfalt an den Tag legt.

Auch der Vertreter muss, damit sein Verschulden nicht dem Stpfl. zugerechnet wird, alles Zumutbare tun, um die Frist einzuhalten. Im Falle eines **Steuerberaters** bedeutet dies z. B., dass er

- ein Fristenkontrollbuch führen muss, in dem jede Frist sofort nach Eingang endgültig vermerkt wird, bevor der Eingang in den Postlauf geht,
- das Fristenkontrollbuch täglich kontrollieren muss,
- eine Fristenkontrolle jeweils bei der Sachbearbeitung vornehmen muss,
- Vorsorge für den möglichen Vertretungsfall treffen muss (Bsp.: Unfall) und
- über eine wirksame Ausgangskontrolle verfügt.

Bedient sich der Vertreter dritter Personen (Bsp.: Angestellte eines Steuerberaters), so muss er auch im Bezug auf diese alles Zumutbare tun, um eine Fristversäumnis zu verhindern, da sich anderenfalls der Stpfl. das insoweit schuldhafte Verhalten seines Vertreters nach § 110 Abs. 1 Satz 2 AO zurechnen lassen muss. Dementsprechend muss z. B. ein Steuerberater, der Bürokräfte angestellt hat,

- diese sorgfältig auswählen für ihre jeweilige Aufgabe, sodass Fristberechnungen nur durch zuverlässige und besonders geschulte Kräfte vorgenommen werden,

- er muss sie regelmäßig überwachen, indem er z. B. anlässlich der Sachbearbeitung die Fristberechnung selbst überprüft und
- sie regelmäßig über ihre Pflichten belehren und fortbilden.

Verstößt der Vertreter gegen die für ihn bestehenden Organisationserfordernisse, so liegt ein **nicht entschuldbarer Organisationsmangel** vor und das Verschulden des Vertreters wird dem Stpfl. zugerechnet. Tut der Vertreter hingegen alles ihm zur Vermeidung von Fristversäumnissen Zumutbare, indem er alle Organisationserfordernisse erfüllt und kommt es trotzdem zu einer Fristversäumnis, so spricht man von einem **entschuldbaren Büroversehen**. In diesem Fall liegt kein Verschulden vor.

Zu der Frage des Verschuldens gibt es eine sehr umfangreiche Rechtsprechung.

Aus der vorhergehenden Darstellung ergibt sich für die Prüfung des Verschuldens bei Beteiligung von Dritten folgende **Prüfungsreihenfolge**:

1. Trifft den Stpfl. selbst ein Verschulden durch eigenes Handeln oder im Hinblick auf Auswahl und Überwachung des Dritten? Wenn nein:
2. Ist der Dritte selbst Vertreter des Stpfl., sodass sein Verschulden unmittelbar dem Stpfl. zugerechnet werden kann? Wenn nein:
3. Handelt der Dritte für den Vertreter und trifft den Vertreter insoweit ein eigenes Verschulden (i. d. R. im Hinblick auf Auswahl, Überwachung und Organisation), das dem Stpfl. zuzurechnen ist?

Beispiel S ist der Steuerberater des Stpfl. P. Die Angestellte A des S versäumt die rechtzeitige Absendung eines Einspruchs gegen den ESt-Bescheid des P. Liegt ein Verschulden i. S. des § 110 AO vor?

Lösung 1. Den P trifft selbst kein Verschulden, da er den S ordnungsgemäß ausgesucht hat und der Fehler für ihn nicht erkennbar war.

2. Das Verschulden der A kann dem P nicht zugerechnet werden, da der S sein Vertreter ist, nicht hingegen die A.

3. Fraglich ist somit, ob dem P ein Verschulden des S zuzurechnen ist. S könnte ein Verschulden vorzuwerfen sein, wenn er die A nicht sorgfältig auswählte oder überwachte und auch ansonsten sein Büro nicht so organisierte, dass Fristversäumnisse ausgeschlossen sind. Kann er jedoch glaubhaft machen, dass er alles ihm Zumutbare zur Verhinderung von Fristversäumnissen tat, so liegt auch kein Verschulden des S vor, das dem P zuzurechnen wäre.

(3) Antrag auf Wiedereinsetzung und Nachholung der versäumten Handlung

Gemäß § 110 Abs. 1 Satz 1 AO kann ein Antrag auf Wiedereinsetzung gestellt werden, aber es ergibt sich aus Abs. 2 Satz 4 auch, dass dieser Antrag verzichtbar ist. Entscheidend ist, dass die versäumte Handlung (z. B. der Einspruch) nachgeholt wird (§ 110 Abs. 2 Satz 3 AO) und dass dabei die Gründe für die unverschuldete Fristversäumnis vorgetragen werden. Ist dies der Fall, dann kann die Wiedereinsetzung auch ohne Antrag von Amts wegen erfolgen. Die Funktion des Antrags liegt folglich nur in der Glaubhaftmachung der Wiedereinsetzungsgründe. Werden diese der FinBeh auf anderem Wege bekannt, so ist der Antrag verzichtbar (vgl. § 110 Abs. 2 Satz 2 AO).

(4) Wahrung der Wiedereinsetzungsfrist

Bei der Wiedereinsetzung sind zwei Fristen zu beachten. Einerseits muss der **Wiedereinsetzungsgrund** innerhalb von einem Monat nach Wegfall des Hindernisses dem FA dargelegt werden und die **versäumte Handlung nachgeholt** werden, § 110 Abs. 2 Satz 1 und 3 AO.

Beispiel W kehrt aus seinem fünfwöchigen Urlaub in Laos zurück und findet in seinem Briefkasten einen Steuerbescheid, der ihm unmittelbar nach seiner Abreise zugestellt wurde und dessen Einspruchsfrist vor zwei Tagen abgelaufen ist.

W muss innerhalb von einem Monat nach Rückkehr aus dem Urlaub (= Wegfall des Hindernisses) dem FA darlegen und – ggf. durch die Vorlage der Flugtickets bzw. der Buchungsbestätigung – glaubhaft machen, dass er gehindert war, die Frist einzuhalten. Ferner muss er innerhalb dieses Monats auch den Einspruch einlegen.

Diese Wiedereinsetzungsfrist ist ebenfalls eine wiedereinsetzungsfähige gesetzliche Frist.

Beispiel Wie im vorherigen Beispiel, allerdings wird W bevor er den Einspruch nachholen kann, wegen einer seltenen Tropenkrankheit für zwei Monate in die Intensivstation eines nahegelegenen Krankenhauses eingeliefert. Kann er danach noch eine Wiedereinsetzung beantragen?

Lösung ► Die ursprüngliche Einspruchsfrist ist ebenso wie die Wiedereinsetzungsfrist abgelaufen. Bei beiden handelt es sich um gesetzliche und wiedereinsetzungsfähige Fristen. Die Wiedereinsetzungsfrist hat W durch eine plötzliche, unvorhersehbare und schwere Krankheit versäumt, so dass ihn insoweit kein Verschulden trifft. Er kann somit die Wiedereinsetzung in die Wiedereinsetzungsfrist beantragen, wodurch er dann auch wieder die Möglichkeit erhält, innerhalb eines Monats nach dieser Wiedereinsetzung die Wiedereinsetzung in die Einspruchsfrist zu beantragen. Praktisch werden beide Wiedereinsetzungsanträge allerdings normalerweise in einem Antrag zusammengefasst.

Die zweite bei der Wiedereinsetzung zu beachtende Frist ist die in § 110 Abs. 3 AO geregelte **Jahresfrist**, nach deren Ablauf im Interesse des Rechtsfriedens eine Wiedereinsetzung nicht mehr erfolgen bzw. eine versäumte Handlung nicht mehr nachgeholt werden kann; Ausnahme: Höhere Gewalt.

(5) Prüfungsschema

Aus den vorherigen Ausführungen ergibt sich für die Wiedereinsetzung nach § 110 AO das folgende Prüfungsschema:

1. Frist versäumt?
2. Wiedereinsetzungsfähige Frist (= gesetzliche, nicht verlängerbare Frist)?
3. Wiedereinsetzung nach § 126 Abs. 3 AO wegen fehlender Begründung oder unterlassener Anhörung eines Beteiligten?
4. Wiedereinsetzung nach § 110 AO?

► Antrag gestellt?

Wenn nein:
Wiedereinsetzung ohne Antrag möglich, weil
  - Wiedereinsetzungsgründe offenkundig oder
  - Tatsachenvortrag in der Frist des § 110 Abs. 2 AO als Antrag zu deuten?
- Antrag fristgerecht? Wenn nein:
  - Insoweit Wiedereinsetzung möglich?
  - Wiedereinsetzungsgründe schon vorher offensichtlich, sodass eine Wiedereinsetzung ohne Antrag schon vor Fristablauf angezeigt war?
- Verhinderung ohne Verschulden?
- Handlung nachgeholt?
- Nachholung fristgerecht?

4. Der Verwaltungsakt

a) Der Begriff des Verwaltungsaktes

Der VA ist das Wort der Verwaltung, durch das die jeweilige Verwaltungsbehörde im Bereich der Hoheitsverwaltung tätig wird. Die AO definiert den VA – entsprechend den Regelungen des allgemeinen Verwaltungsrechts (§ 35 VwVfG) – in § 118 Satz 1 AO. Danach ist ein VA jede

- **Verfügung, Entscheidung oder andere behördliche Maßnahme:** Es handelt es sich um jedes willentliche Verhalten einer Behörde (§ 6 Abs. 2 AO) bzw. die Kundgabe einer auf der Willensbildung der Behörde basierenden Entscheidung. Folglich sind davon jedoch nicht umfasst die Maßnahmen des Gesetzgebers, eines Gerichts oder einer Privatperson (siehe Beispiel 1).
- **auf dem Gebiet des öffentlichen Rechts:** Es muss sich um eine einseitige Maßnahme im Verhältnis der Über- und Unterordnung handeln und nicht um ein Verhalten auf dem Gebiet des Zivilrechts (siehe Beispiel 2).
- **zur Regelung:** Die Regelung stellt das Kernstück des VAs dar und sie ist gerichtet auf die unmittelbare Herbeiführung einer Rechtsfolge durch einseitige Anordnung. Es handelt sich somit um die Aussage, was im konkreten Fall gilt und was der Stpfl. befolgen muss (siehe Beispiel 3).
- **eines Einzelfalls:** Es muss sich um eine konkrete und individuelle Regelung handeln, d. h. sie muss einen bestimmten Sachverhalt betreffen und sich an bestimmte Personen richten. Regelungen, die generell (= an eine nicht bestimmte Vielzahl von Personen gerichtet) und/oder abstrakt (= vom Einzelfall losgelöst) sind, haben somit nicht die Qualität eines VAs (siehe Beispiel 4).
- **mit unmittelbarer Außenwirkung:** Die jeweilige Maßnahme muss unmittelbar für einen Rechtsträger außerhalb

der Verwaltung bestimmt sein und für diesen eine Wirkung entfalten (siehe Beispiel 5).

Beispiel 1 Setzt ein FG im Rahmen eines Urteils die Steuer neu fest, so liegt kein VA vor, da es sich bei dem Gericht nicht um eine Behörde i. S. des § 6 AO handelt, sondern um ein Organ der Rechtspflege. Ebenso liegt kein VA vor, wenn der Arbeitgeber die LSt einbehält und an das zuständige FA abführt, da er durch die Einbehaltung nicht zu einer Behörde wird.

Beispiel 2 Kauft das FA zur Deckung seines Bürobedarfs Stifte ein, so tritt es dem Verkäufer im Verhältnis der Gleichordnung gegenüber. Folglich handelt es sich nicht um einen VA (vgl. auch S. 22 f.).

Beispiel 3 Um eine Regelung handelt es sich bei einem Steuerbescheid, der verbindlich festsetzt, wie viel Steuer ein bestimmter Stpfl. für einen bestimmten Zeitraum zu entrichten hat. Ebenso regelt ein Stundungsbescheid die Höhe des gestundeten Betrages und die Dauer der Stundung.

Eine Regelung ist hingegen nicht gegeben bei einer Auskunft oder einer Anregung. Auch einem Realakt wie der Auszahlung eines Betrages oder der Entgegennahme einer Erklärung kommt keine Regelungswirkung zu.

Beispiel 4 Jeder ESt-Bescheid regelt einen Einzelfall, da er gegenüber einer bestimmten Person eine bestimmte ESt für einen bestimmten Zeitraum festsetzt.

Verwaltungsanweisungen, Richtlinien und Erlasse sind hingegen keine VAs, da sie vom Einzelfall losgelöst für eine unbestimmte Vielzahl von Fällen gelten.

Beispiel 5 ▶ Die Anweisung eines Sachgebietsleiters an einen Sachbearbeiter, eine Stundung abzulehnen, wirkt nur behördenintern und ist folglich kein VA. Etwas anderes gilt erst für die an den Antragsteller gerichtete Antragsablehnung.

Durch den VA wird also die Verwaltung hoheitlich tätig, es wird eine abstrakte gesetzliche Pflicht (z. B. Steuern zu zahlen oder Auskunft zu erteilen) hinsichtlich einer bestimmten Person konkretisiert und ihr Umfang wird bestimmt. Folglich handelt es sich um VA z. B. bei Steuer-, Haftungs-, Zins-, Aufteilungsbescheiden, Bescheiden über Verspätungszuschläge, Einspruchsentscheidungen und Ablehnungen von Anträgen, hingegen nicht bei Mahnungen, Kontoauszügen, Amtshilfeersuchen und Betriebsprüfungsberichten.

Eine Besonderheit besteht nach § 168 AO für **Steueranmeldungen** (LSt- und USt-Anmeldungen). Bei Ihnen handelt es sich zwar nicht um einen VA, da sie keine Maßnahme einer Behörde darstellen, sondern von einer Privatperson abgegeben werden. Nach § 168 AO stehen sie jedoch einer Steuerfestsetzung unter dem Vorbehalt der Nachprüfung gleich, sodass auf sie auch die gleichen Regelungen anwendbar sind wie auf VA.

Die Bedeutung der VA-Definition ergibt sich u. a. daraus, dass für VA besondere Korrekturregelungen gelten (§§ 129 ff., 164 Abs. 2, 165 Abs. 2, 172 ff. AO), ein Einspruch nur gegen einen VA zulässig ist (§ 347 AO) und auch die Zwangsvollstreckung nur bei VA durch das FA erfolgen kann. Darüber hinaus ist von großer Bedeutung, dass ein VA auch trotz Einspruch vollziehbar bleibt (§ 361 Abs. 1 AO; vgl. S. 65, 175 ff.).

Entscheidungen der Behörde, die keine VA-Qualität haben, sind hingegen nicht selbständig anfechtbar.

b) Sonderformen des Verwaltungsakts

(1) Allgemeinverfügung

Bei der Allgemeinverfügung handelt es sich um eine in § 118 Satz 2 AO geregelte besondere Art des VAs. Auch bei ihr handelt es sich um eine hoheitliche Regelung eines Einzelfalls durch eine Behörde mit Außenwirkung. Die Besonderheit bezieht sich auf den Adressaten der Regelung. Die Allgemeinverfügung richtet sich nicht an eine bestimmte Person, aber auch nicht an eine unbestimmte Vielzahl von Personen. Adressat der Regelung ist vielmehr gem. § 118 Satz 2 Var. 1 eine (nur) nach allgemeinen Merkmalen genau bestimmbaren Personenkreis (sog. adressatenbezogene Allgemeinverfügung).

Beispiele ► Entscheidung über das Ruhen bestimmter Einspruchsverfahren gem. § 363 Abs. 2 AO. Einspruchsentscheidungen in bestimmten Fällen gem. § 367 Abs. 2 b AO. Öffentliche Aufforderung der Finanzämter in Tageszeitungen, seine Steuererklärung bis zum 31. 5. eines Jahres abzugeben.

Den sachbezogenen Allgemeinverfügungen (§ 118 Satz 2 Var. 2 AO) und den Benutzungsregelungen (§ 118 Satz 2 Var. 3 AO) kommt im Steuerrecht keine Bedeutung zu.

(2) Sammelverwaltungsakte

In einem Schriftstück können auch mehrere VA zusammengefasst werden. In diesem Fall spricht man von einem Sammel-VA oder mehreren Teil-VA. Jedem Teil-VA kommt die (vollständige)

Qualität eines VA zu und auf jeden dieser Teil-VA sind die für VA geltenden Regelungen anwendbar.

Ein typisches Beispiel für einen Sammel-VA ist ein Steuerbescheid, was an folgendem (verkürzten) Beispiel gezeigt werden soll:

Steuerbescheid

Finanzamt Hamburg XYZ
Steuernummer xx/xxx/xxxxx — Hamburg, Datum

Herrn und Frau
Max und Monika Mustermann
Bescheid für 2005 über Einkommensteuer – Solidaritätszuschlag

Festsetzung

	ESt	SolZ	insg.
Festgesetzt werden ab	*14 512,00*	*696,52*	
Steuerabzug vom Lohn	9 402,00	434,28	
Verbleibende Beträge	5 110,00	262,24	5 768,24
Abrechnung (Stichtag 9. 3. 07)			
Abzurechnen sind	5 110,00	262,24	
Bereits getilgt	0,00	0,00	
Noch zu zahlen	*5 110,00*	*262,24*	5 768,24
Bitte zahlen Sie spätestens am 23. 4. 07	*5 110,00*	*262,24*	5 768,24

Besteuerungsgrundlagen zur Steuerfestsetzung 2005

	Ehemann	Ehefrau	insg.
Einkünfte aus Gewerbebetrieb	16 336		
Einkünfte aus nichtselbständiger Arbeit	56 962		
Gesamtbetrag der Einkünfte	73 298		73 298
ab Sonderausgabenpauschbetrag			72
ab beschränkt abziehbare Sonderausgaben			

Rechtsbehelfsbelehrung: Die Festsetzung der Einkommensteuer sowie die Festsetzung des Solidaritätszuschlags können mit dem Einspruch angefochten werden. Der Einspruch ist bei dem vorbezeichneten Finanzamt schriftlich einzureichen oder zur Niederschrift zu erklären. Die Frist für die Einlegung eines Einspruchs beträgt einen Monat. Sie beginnt mit Ablauf des Tages, an dem Ihnen dieser Bescheid bekannt gegeben worden ist. Bei Zusendung durch einfachen Brief oder Zustellung durch eingeschriebenen Brief gilt die Bekanntgabe mit dem dritten Tag nach Aufgabe zur Post als bewirkt, es sei denn, dass der Bescheid zu einem späteren Zeitpunkt zugegangen ist. ...

In dem Steuerbescheid (s. o.) sind insgesamt an den kursiven Stellen sechs VA enthalten. Dass es sich um eine hoheitliche Willensäußerung auf dem Gebiet des öffentlichen Rechts handelt, ergibt sich schon aus dem Kopf und der Bezeichnung als Bescheid. Die Rechtswirkung nach außen ergibt sich neben dem Inhalt auch aus dem Adressfeld. Ferner liegen – inhaltlich verschiedene – Regelungen von Einzelfällen vor:

- In der Zeile „Festgesetzt werden“ wird festgestellt, dass in diesem konkreten Einzelfall die entsprechende ESt- und SolZ-Schuld besteht.
- In der Zeile „Noch zu zahlen“ wird im Wege einer **Abrechnungsverfügung** die konkrete Zahlungsverpflichtung festgestellt, die dadurch in dieser Höhe vollstreckbar ist.

- In der Zeile „Bitte zahlen Sie" wird das **Leistungsgebot** ausgesprochen, d. h. es wird eine Zahlungsverpflichtung zu einem bestimmten Datum begründet.

Daneben kann ein Steuerbescheid z. B. auch VA bzgl. der Kirchensteuer, der Festsetzung von Vorauszahlungen und der Festsetzung von Verspätungszuschlägen enthalten.

c) Einteilung der Verwaltungsakte

(Steuer-)VA lassen sich ausgehend von ihrem Regelungsgehalt in verschiedene Gruppen einteilen:

- Einerseits wird unterschieden zwischen rechtsfeststellenden (= deklaratorischen) VA, die eine sich aus dem Gesetz ergebende Rechtsfolge lediglich feststellen und rechtsgestaltende (= konstitutiven) VA, die ein bestimmtes Rechtsverhältnis überhaupt erst begründen.

Beispiel **Deklaratorische VA** sind z. B. Steuerbescheide und Einspruchsbescheide, da sie die gesetzlich vorgegebene Entscheidung nur wiedergeben. Bei Stundungsbescheiden oder Leistungsgeboten handelt es sich hingegen um **konstitutive VA**, da die Tatsache, ob eine Stundung zu gewähren ist oder zu welchem Datum zu leisten ist, sich nicht unmittelbar aus dem Gesetz ergibt.

- Es wird ferner unterschieden zwischen aus der Sicht des Stpfl. **begünstigenden VA** (z. B. Stundungsbescheid, Bescheid über einen Steuererlass) und **belastenden VA** (z. B. Steuerbescheid).
- Daneben wird unterschieden zwischen gesetzlich gebundenen und **Ermessens-VA**. Bei ersteren besteht ein Rechtsanspruch auf einen gesetzlich bestimmten VA (Bsp.:

Steuerbescheid) und bei letzteren besteht lediglich ein gesetzlicher Rahmen, in dem mehrere Entscheidungen zutreffend sein können (Bsp.: Gewährung einer Fristverlängerung; zum Ermessen vgl. § 5 AO).

Daneben besteht noch eine weitere Unterscheidung von großer Bedeutung zwischen

- **allgemeinen SteuerVA** = z. B. Haftungsbescheide gem. § 191 AO, Betriebsprüfungsanordnung gem. § 196 AO, Stundung gem. § 222 AO, Erlass gem. §§ 163, 227 AO und
- **besonderen SteuerVA**, die wiederum unterteilt werden in
  - **Steuerbescheide** = Steuerfestsetzung gem. § 155 Abs. 1 Satz 1 AO und Freistellung gem. § 155 Abs. 1 Satz 3 AO und
  - den Steuerbescheiden **gleichgestellte Bescheide** = Feststellungsbescheid gem. § 155 Abs. 4 AO, Messbescheid gem. § 184 Abs. 1 AO, Zerlegungsbescheid gem. § 185 AO, Zinsbescheid gem. § 239 AO.

Dieser Unterscheidung kommt große Bedeutung zu, da für Steuerbescheide und ihnen gleichgestellte Bescheide die (strengeren) Sondervorschriften der §§ 155 ff. AO gelten, nicht hingegen für die allgemeinen SteuerVA. Dies gilt auch insb. für die Korrekturvorschriften der §§ 172 ff. AO. Für die allgemeinen SteuerVAs gelten im Gegensatz dazu die §§ 130 f. AO. Vgl. zu den Korrekturvorschriften S. 125 ff.

d) Inhalt und Form von Verwaltungsakten

Der Gesetzgeber hat in der Form des VA genau geregelt, wie die Verwaltung gegenüber dem Bürger tätig werden darf. Es handelt sich somit um einen Schutz des Bürgers gegen Willkür, aus dem sich auch in § 119 AO geregelte Mindestanforderungen an den VA im Hinblick auf seine Form und seinen Inhalt ergeben.

Danach muss der VA gem. § 119 Abs. 1 AO **inhaltlich hinreichend bestimmt** sein, d. h. es muss erkennbar sein, gegenüber wem etwas geregelt werden soll und was dieser Person gegenüber geregelt werden soll. Von wem wird was verlangt oder wem wird was gewährt?

Ist der VA nicht hinreichend bestimmt, führt dies i. d. R. zur Nichtigkeit des VA (§ 125 Abs. 1 AO) und damit zu seiner Unwirksamkeit (§ 124 Abs. 3 AO).

Beispiel Das FA übersendet dem Stpfl. ein Schreiben mit folgendem Inhalt: „Hiermit wird gegen Sie ein Verspätungszuschlag gem. § 152 AO festgesetzt." Ist das Schreiben bestimmt genug?

Lösung Die Höhe des Verspätungszuschlages ist weder aus dem Schreiben zu erkennen, noch durch Auslegung zu ermitteln. Folglich ist das Schreiben zu unbestimmt und entfaltet gem. § 125 Abs. 1 AO keine Wirkung.

Für den Steuerbescheid regelt § 157 Abs. 1 Satz 1 AO, welche unverzichtbaren Bestandteile er enthalten muss. Das Fehlen der **Rechtsbehelfsbelehrung** führt allerdings nicht zur Nichtigkeit, sondern gem. § 356 Abs. 2 AO lediglich zu einer längeren Einspruchsfrist.

Bezüglich der **Form** ergibt sich aus § 119 Abs. 2 AO, dass VA nicht formgebunden sind. Etwas anderes gilt lediglich, sofern das Gesetz ausdrücklich eine andere Anordnung trifft, wie z. B.

bei Steuerbescheiden (§ 157 Abs. 1 AO), Haftungsbescheiden (§ 191 Abs. 1 Satz 3 AO) und Einspruchsentscheidungen (§ 366 AO). Fehlt die gesetzlich vorgeschriebene Schriftform, so ist der jeweilige VA gem. § 125 Abs. 1 AO nichtig. Es besteht allerdings gem. § 87a Abs. 4 Satz 1 AO die Möglichkeit, die gesetzlich angeordnete Schriftform durch die elektronische Form zu ersetzen.

Gemäß § 119 Abs. 3 Satz 1 AO muss ferner die den VA **erlassende Behörde erkennbar** sein. Ist dies nicht der Fall, tritt auch insoweit gem. § 125 Abs. 2 Satz 1 AO die Nichtigkeitsfolge ein. Ferner muss der VA die Unterschrift oder Namenswiedergabe des befugten Bediensteten enthalten. Diesbezügliche Mängel führen jedoch nicht zur Nichtigkeit, da die verantwortliche Person auch anderweitig ermittelt werden kann, wenn nur die entscheidende Behörde erkennbar ist. Ein solcher formeller Mangel führt gem. § 127 AO auch nicht dazu, dass deshalb die Aufhebung des jeweiligen VA begehrt werden kann.

Darüber hinaus ist ein VA soweit zu **begründen**, wie dies für sein Verständnis erforderlich ist, § 121 Abs. 1 AO. Dadurch soll der Stpfl. feststellen können, ob der VA rechtmäßig ist, sodass insb. jede Abweichung von der Steuererklärung im Bescheid zu begründen ist. § 121 Abs. 2 AO enthält einen Ausnahmekatalog mit VA, die ebenso wie mündliche VA gem. § 119 Abs. 2 Satz 2 AO keiner Begründung bedürfen. ErmessensVA bedürfen jedoch in jedem Fall einer Begründung.

Fehlt die Begründung, so handelt es sich zwar um einen Formmangel, dieser ist aber nicht so schwerwiegend, dass er zur Nichtigkeit führen würde. Vielmehr ist gem. § 126 Abs. 1 Nr. 2 und Abs. 2 AO die Nachholung möglich bzw. ist der Fehler nach § 127 AO unbeachtlich. Etwas anderes gilt hingegen bei

ErmessensVA, bei denen allein das Fehlen einer Begründung gem. § 127 AO a.E. zur Aufhebung des VA führt.

Die wichtigste Folge des Fehlens einer Begründung ist die Wiedereinsetzung in die Einspruchsfrist gem. § 126 Abs. 3 Satz 1 AO sofern die fehlende Begründung für die Verspätung kausal war.

e) Wirksamkeit von Verwaltungsakten

Ein VA ist darauf gerichtet, in einem konkreten Einzelfall eine unmittelbar rechtswirksame Regelung zu erreichen, d. h. eine verbindliche Rechtsfolge gegenüber einem Stpfl. zu setzen. Solange ein VA wirksam existiert, muss sich ihm der Stpfl. unterwerfen (vgl. § 124 Abs. 2 und 3 AO) und die Finanzbehörde ist an ihn gebunden. Es ist somit von erheblicher Bedeutung, ob ein VA wirksam ist und dementsprechend seine Regelungswirkung entfaltet.

Vereinfacht lässt sich das Vorliegen eines wirksamen VAs nach folgender Formel feststellen:

Willensbildung
+ Willensäußerung
= Entstehen des VA
+ ordnungsgemäße Bekanntgabe
+ keine Nichtigkeit
= wirksamer VA

(1) Willensbildung

Der entscheidende Beamte muss sich „steuerliche Gedanken" gemacht haben und einen auf Feststellung oder Rechtsgestaltung gerichteten Willen gebildet haben.

Dies fehlt bei **Steueranmeldungen**, sodass es sich insoweit nicht um einen VA handelt. Allerdings wird gem. § 168 Satz 1 AO die Verwaltungsaktsqualität fingiert. Im Fall des § 168 Satz 2 AO liegt der VA in der Zustimmung, die i. d. R. durch die Auszahlung der Vergütung bekanntgegeben wird (vgl. § 355 Abs. 1 Satz 2 AO).

(2) Willensäußerung

Der gebildete Willen des handlungsbefugten Amtsträgers muss nach außen erkennbar werden, was i. d. R. durch die schriftliche Niederlegung mit abschließender Zeichnung erfolgt.

Beispiele Die Willensäußerung kann erfolgen durch das Eintippen der Daten und die folgende Freigabe bei der Veranlagung oder das Kopfnicken auf einen mündlichen Antrag auf Fristverlängerung hin. Hat jedoch der zuständige Sachbearbeiter die Daten eingetippt, aber noch nicht freigegeben und nimmt ein als Praktikant tätiger Schüler die Freigabe vor, so fehlt es an einer entsprechenden Willensäußerung, da der Praktikant in keinem Fall zeichnungsbefugt sein kann (vgl. § 79 Abs. 1 Nr. 4 i. V. m. § 7 AO).

Im Hinblick auf die Handlungsbefugnis ist nur auf die gesetzlichen Regelungen abzustellen, ein Verstoß gegen das Zeichnungsrecht ist insoweit unbeachtlich.

(3) Ordnungsgemäße Bekanntgabe von Verwaltungsakten

Eine Bekanntgabe liegt nach § 122 Abs. 1 AO vor, wenn der VA mit dem Willen der Behörde dem richtigen Adressaten in der richtigen Form zugeht. Tatbestandliche Voraussetzungen der ordnungsgemäßen Bekanntgabe sind somit der Bekanntgabewille der Behörde, der Zugang, der richtige Adressat und die richtige Form. In der Regel erfolgt die Bekanntgabe durch die Übersendung einer Ausfertigung des VA an den Adressaten.

(a) Bekanntgabewille der Behörde

Der Zugang des VA muss im Hinblick auf das „Ob" und das „Wie" durch den Willen der Behörde gesteuert werden. Der VA darf somit die Behörde nicht gegen deren Willen verlassen und muss den Adressaten auf dem vorgesehenen Wege erreichen.

Beispiel Der Stpfl. A will seinen zuständigen Sachbearbeiter S aufsuchen und betritt dessen Büro. Der S ist zwar nicht anwesend, aber der A sieht auf dessen Schreibtisch einen an ihn gerichteten Bescheid liegen, nimmt ihn an sich und verlässt das FA. Ist der Bescheid wirksam bekannt gegeben?

Lösung Der Bescheid ist zwar für den A bestimmt, er hat ihn aber ohne den Bekanntgabewillen des S erhalten. Folglich ist der Bescheid nicht wirksam bekannt gegeben.

Beispiel Der Stpfl. B ist vor kurzem bei seinen Eltern ausgezogen und hat dies dem FA mitgeteilt. Versehentlich sendet der Sachbearbeiter S den ESt-Bescheid des B jedoch an die alte Adresse des B. Der Vater des B nimmt den Brief entgegen und übergibt ihn seinem Sohn, als dieser eine Woche später zu Besuch kommt. Ist der Bescheid wirksam bekannt gegeben?

Lösung Entgegen dem Willen des S ist der Bescheid nicht direkt zugegangen. Die Weiterleitung des Bescheides beruhte nicht auf einer Handlung und dem Willen des S, sodass der Bekanntgabewille zu verneinen ist. Allerdings ergibt sich aus § 8 Satz 1 VwZG analog, dass der Bescheid als in dem Zeitpunkt zugestellt gilt, in dem der Empfangsberechtigte ihn nachweislich erhalten hat. Der mangelnde Bekanntgabewille wird somit geheilt und der Bescheid ist wirksam bekannt gegeben, vgl. AEAO zu § 122 Nr. 4.3, 4.4.4.

In der Regel wird der Bekanntgabewille gemeinsam mit der **abschließenden Zeichnung** gefasst, er kann aber nachträglich wieder aufgegeben werden. Wird dies klar und eindeutig dokumentiert und geschieht es bevor der VA den Herrschaftsbereich des FA verlässt, so wird der VA mangels ordnungsgemäßer Bekanntgabe nicht wirksam (vgl. AEAO zu § 124 Nr. 1).

(b) Zugang

Ein VA ist zugegangen, wenn er derart in den Machtbereich des Empfängers gelangt ist, dass dass diesem die Kenntnisnahme unter normalen Umständen möglich war oder von ihm nach den Gepflogenheiten des Rechtsverkehrs erwartet werden konnte (vgl. § 130 BGB). Die tatsächliche Kenntnisnahme ist nicht maßgeblich.

Dementsprechend ist ein mündlicher VA zugegangen, wenn er vom Empfänger vernommen wird. Ein schriftlicher VA muss in den **Machtbereich des Empfängers** gelangen, d. h. in den Bereich, den er nach der Verkehrsanschauung beherrschen kann und will.

Der **sachliche Machtbereich** umfasst z. B. die Wohnung, den Briefkasten, ein Postfach und zum Empfang ermächtigte Personen. Der **persönliche Machtbereich** umschließt den Ort, an dem der Empfänger angetroffen wird.

Beispiel Der Briefträger wirft den Steuerbescheid des H durch dessen Briefschlitz in der Wohnungstür. Bevor H jedoch nach Hause kommt frisst der Hund des H den Bescheid auf. Ist der Bescheid zugegangen?

Lösung Mit dem Einwurf ist der Bescheid in den Machtbereich des H gelangt und damit zugegangen. Es ist ausreichend, dass der Stpfl. unter normalen Umständen die Möglichkeit zur Kenntnisnahme hatte. Ob er tatsächlich Kenntnis nimmt, liegt in seinem Risikobereich, sodass auch längere Abwesenheit zu seinen Lasten geht (u. U. § 110 AO).

(c) Der richtige Adressat

Richtiger Adressat des VA ist gem. § 122 Abs. 1 Satz 1 AO derjenige, für den der VA nach seinem Inhalt bestimmt oder der von ihm betroffen ist. In der Regel handelt es sich dabei um den Stpfl., es kann aber auch der gesetzliche Vertreter oder der Bevollmächtigte (vgl. § 122 Abs. 1 S. 3 AO) sein. Insoweit sind allerdings drei Begriffe streng zu trennen:

- **Inhaltsadressat:** Es handelt sich dabei um denjenigen, für den der VA bestimmt ist. In der Regel ist dies der Steuerschuldner bzw. derjenige, den das FA als Steuerschuldner ansieht. Ob er den Steuertatbestand tatsächlich verwirklicht hat, ist für die Zustellung ohne Bedeutung, da es sich dabei um eine Frage der materiellen Rechtmäßigkeit des VA handelt.
- **Bekanntgabeadressat:** Der Bekanntgabeadressat ist die Person, der ein VA bekannt zu geben ist. In der Regel handelt es sich dabei um den Inhaltsadressaten = Steuerschuldner. Etwas anderes gilt hingegen, wenn der Steuerschuldner nicht i. S. des § 79 AO handlungsfähig ist. In

diesem Fall hat die Bekanntgabe an den gesetzlichen Vertreter zu erfolgen, vgl. AEAO zu § 122 Nr. 1.4.

- **Empfänger:** Empfänger ist derjenige, dem der VA körperlich zugeht und ggü. dem damit die Bekanntgabe bewirkt werden soll. In der Regel handelt es sich dabei um den Inhalts- und Bekanntgabeadressaten. Ausnahmsweise können aber auch Dritte als Empfänger sein, wenn sie eine Empfangsvollmacht haben (z. B. Steuerberater).

Die mit der Adressierung verbundenen Fragen und die diesbezüglichen Möglichkeiten sind vielfältig, sodass sich diese Darstellung nur auf einige wenige Fälle beschränken kann. Ansonsten sei auf den AEAO zu § 122 verwiesen.

- **Handlungsunfähige:** i. S. des § 79 AO Handlungsunfähige (Bsp.: Minderjährige) können zwar Inhaltsadressat sein, aber einen VA aufgrund der fehlenden Verfahrensfähigkeit nicht wirksam entgegen nehmen. Folglich kann ein VA nicht ausschließlich an sie adressiert werden. Vielmehr ist der Handlungsunfähige als Inhaltsadressat im Bescheid zu nennen, da er der eigentlich Betroffene ist. Der VA muss aber an den gesetzlichen Vertreter des Handlungsunfähigen adressiert werden (siehe Beispiel 1).
- **Personengesellschaften:** Bei Personengesellschaften (Handelsgesellschaften wie OHG und KG und nichtsrechtsfähige Personenvereinigungen wie eine GbR) ist danach zu unterscheiden, ob die Gesellschaft oder der Gesellschafter Steuerschuldner sind.
    - **Gesellschaft als Steuerschuldner:** Handelt es sich um eine **Betriebssteuer** (USt, GewSt, pauschale LSt), ist die Gesellschaft selbst steuerrechtsfähig, sodass der Bescheid an die Gesellschaft als Bekanntgabeadressat zu richten ist, sofern sie über einen geschäftsüblichen Namen verfügt (siehe Beispiel 2).

Betreffen die zuzustellenden Bescheide an nichtrechtsfähige Personenvereinigungen keine Betriebsteuern oder ist kein geschäftsüblicher Name vorhanden, so sind die Bescheide an alle Mitglieder der Vereinigung zu richten. Es besteht allerdings die Möglichkeit, den Bescheid durch die Bekanntgabe ggü. einem vertretungsberechtigten Mitglied der Personenvereinigung wirksam werden zu lassen (siehe Beispiel 3).

- **Gesellschafter als Steuerschuldner:** Sollen in dem Bescheid Besteuerungsgrundlagen für die Einkommensteuer festgestellt werden, so ist der Bescheid an die Gesellschafter selbst zu richten (vgl. AEAO zu § 122 Nr. 2.5).

- **Juristische Personen:** Bei einer juristischen Personen ist der Bescheid an diese zu richten und ihr bekannt zu geben. Der gesetzliche Vertreter muss als Bekanntgabeadressat nicht angegeben werden (siehe Beispiel 4).
- **Gesamtrechtsnachfolge:** Gemäß § 45 AO geht die Steuerschuld kraft Gesetzes auf den Gesamtrechtsnachfolger über. Ist der jeweilige Bescheid dem Rechtsvorgänger jedoch schon vor Eintritt der Gesamtrechtsnachfolge zugegangen, so wirkt er auch gegen den Gesamtrechtsnachfolger (z. B. den Erben). Er tritt – auch verfahrensrechtlich – in die Position des Rechtsvorgängers ein (vgl. § 166 AO), sodass er z. B. nur innerhalb der für den Rechtsvorgänger maßgeblichen Rechtsbehelfsfrist Einspruch einlegen kann (vgl. S. 30). Nach Eintritt der Gesamtrechtsnachfolge kann der Bescheid jedoch nicht mehr an den Rechtsvorgänger gerichtet werden, da er nicht mehr existent ist. Deshalb ist der VA an den Gesamtrechtsnachfolger zu richten, wenn der Rechtsvorgänger den Steuertatbestand zwar verwirklicht hat, ihm der VA vor Eintritt der Rechtsnachfolge aber

nicht mehr bekannt gegeben wurde. In den Bescheidkopf ist ein Hinweis auf die Inanspruchnahme als Gesamtrechtsnachfolger aufzunehmen (siehe Beispiel 5).

- **Ehegatten:** Gemäß § 26b EStG zusammenveranlagte Ehegatten sind nach § 44 Abs. 1 AO als Gesamtschuldner zu behandeln. Gemäß § 155 Abs. 3 Satz 1 AO kann gegen sie ein zusammengefasster Steuerbescheid erlassen werden. Bei diesem zusammengefassten Bescheid handelt es sich um zwei selbständige, aber inhaltsgleiche Bescheide, die aus Gründen der Verwaltungsvereinfachung auf einem Formular zusammengefasst werden. Folglich müssen beide Ehegatten als Inhaltsadressaten bezeichnet werden, § 157 Abs. 1 Satz 2 AO. Sofern die Ehegatten eine gemeinsame Anschrift haben und gemeinsam zu veranlagen sind, erfolgt die Bekanntgabe nach § 122 Abs. 7 AO (siehe Beispiel 6).
  Soweit die Ehegatten einverstanden sind, ist die Übermittlung des Steuerbescheides an einen Ehegatten zugleich mit Wirkung für und gegen den anderen Ehegatten gem. § 122 Abs. 6 AO zulässig (siehe Beispiel 7).
  Haben die Eheleute hingegen keine gemeinsame Anschrift und besteht kein Einverständnis zur Bekanntgabe nach § 122 Abs. 6 AO oder bestehen zwischen den Eheleuten bekanntermaßen ernstliche Meinungsverschiedenheiten oder ist es nach § 122 Abs. 7 Satz 2 AO beantragt worden, so ist eine **Einzelbekanntgabe** erforderlich. Sie erfolgt nur an den jeweiligen Ehegatten und nur an seine persönliche Anschrift (siehe Beispiel 8).

Beispiel 1. Die Eltern E1 und E2 sind gemeinsam die gesetzlichen Vertreter des minderjährigen Stpfl. K. Wie ist der VA zu gestalten?

Lösung Das **Anschriftenfeld** muss lauten

Herrn E1
Frau E2
Beispielstraße 1
11111 Musterstadt

Der **Bescheidkopf** muss lauten „Als gesetzliche Vertreter von K."

Beispiel 2 Anschriftenfeld:

Firma Müller KG
Beispielstraße 2
11111 Musterstadt

Beispiel 3 Anschriftenfeld:

Herrn Frank Schuster
als Geschäftsführer der
Erbengemeinschaft Josef Schuster

Beispiel 4 Anschriftenfeld:

Streck GmbH
Beispielstraße 3
11111 Musterstadt

Beispiel 5 Anschriftenfeld:

Herrn
Bernd Schmidt
Beispielstraße 4
11111 Musterstadt

Bescheidkopf: „Dieser Steuerbescheid ergeht an Sie als Gesamtrechtsnachfolger von Frau Edith Schmidt."

Beispiel 6 Anschriftenfeld:

Herrn Ulrich Meier
Frau Anja Meier
Beispielstraße 5
11111 Musterstadt

Herrn und Frau
Ulrich u. Anja Meier
Beispielstraße 5
11111 Musterstadt

Beispiel 7 Anschriftenfeld:

Herrn Ulrich Meier
Beispielstraße 5
11111 Musterstadt

Bescheidkopf: „Dieser Bescheid ergeht an Sie zugleich mit Wirkung für und gegen Ihre Ehefrau Anja Meier."

Beispiel 8 Anschriftenfeld:

Herrn Ulrich Meyer
Beispielstraße 6
11111 Musterstadt

Bescheidkopf: „Für Herrn Ulrich Meyer und Frau Anja Meier" Weitere Erläuterung im Bescheid: „Ihrem Ehegatten wurde ein Bescheid gleichen Inhalts erteilt."

Ist die Bekanntgabe nicht ordnungsgemäß erfolgt, so ist der VA rechtlich nicht existent. Es handelt sich um einen sog. **„Nichtakt"**, der keine rechtlichen Wirkungen, allenfalls einen gewissen Anschein begründet.

Bekanntgabemängel sind i. d. R. nicht heilbar, sodass eine erneute, dann ordnungsgemäße Bekanntgabe erforderlich ist. **Heilung** tritt allerdings durch die ordnungsgemäße Zustellung einer Einspruchentscheidung ein. Ferner werden etwaige Bekanntgabemängel nach h. M. auch dadurch geheilt, dass der zuständige Empfänger den VA – gleich auf welchem Wege – erhält, § 8 Satz 1 VwZG in analoger Anwendung.

(d) Die Form der Bekanntgabe

Prinzipiell schreibt § 122 AO keine Form für die Bekanntgabe vor, sodass sie schriftlich, mündlich, durch ein Nicken oder auch durch ein Unterlassen erfolgen kann. Nur ausnahmsweise schreibt das Gesetz eine bestimmte Form für einen VA vor, so z. B. in § 157 Abs. 1 AO die Schriftform für Steuerbescheide.

Für die Bekanntgabe schriftlicher VA regelt § 122 AO verschiedene Möglichkeiten (vgl. dazu S. 40 ff.). Dabei ist zu unterscheiden zwischen

- der einfachen Bekanntgabe, bei der der Tag des Zugangs im Inland durch eine 3-Tages-Fiktion festgelegt wird (§ 122 Abs. 2 Nr. 1 AO) und
- der förmlichen Zustellung, die sich nach den Vorschriften des VwZG richtet (§ 122 Abs. 5 AO).

Durch § 122 Abs. 2 Nr. 1 AO wird für die **einfache Bekanntgabe** eine inländische Beförderungsdauer von drei Tagen unterstellt und die Finanzbehörde muss nach den Grundsätzen des Beweises des ersten Anscheins lediglich die Aufgabe zur Post und deren Zeitpunkt nachweisen, was durch einen entsprechenden Vermerk in der Steuerakte erfolgt. Legt der Stpfl. hingegen die ernstliche Möglichkeit eines atypischen Geschehensablaufes dar (Vorlage der Briefumschläge, Zeugen) oder ist ein solcher Umstand offenkundig (z. B. Poststreik), so sind Zweifel am Zugang begründet und der Beweis des ersten Anscheins ist erschüttert, sodass die **Zugangsfiktion** nicht mehr gilt. Dasselbe gilt, wenn der Stpfl. bestreitet, den jeweiligen Brief überhaupt erhalten zu haben. Die Finanzbehörde muss dann nicht nur die Absendung, sondern auch den tatsächlichen Zugang nachweisen, wozu sie in aller Regel nicht in der Lage ist. In diesem Fall ist davon auszugehen, dass der VA nicht bekannt gegeben wurde, und es besteht nur die Möglichkeit einer erneuten Bekanntgabe.

Eine **förmliche Zustellung** nach den Vorschriften des VwZG (Postzustellungsurkunde, Empfangsbekenntnis usw.) stellt hingegen die Ausnahme dar. Sie wird nur vorgenommen, wenn sie gesetzlich vorgeschrieben (§§ 284 Abs. 6, 309 Abs. 2, 324 Abs. 2 AO) oder behördlich angeordnet wurde. Letzteres ist der Fall, wenn ein eindeutiger Nachweis beabsichtigt ist, so z. B. wenn der Stpfl. bereits mehrfach bestritten hat, einen Bescheid vom FA erhalten zu haben.

(4) Keine Nichtigkeit des Verwaltungsakts

Besonders schwerwiegende Fehler eines VA führen nach § 125 AO zu seiner Nichtigkeit. Insoweit ist allerdings das Verhältnis der einzelnen Absätze des § 125 AO zu berücksichtigen, das zu einer einzuhaltenden Prüfungsreigenfolge führt. § 125 Abs. 1 und Abs. 2 AO stehen selbständig nebeneinander und können unabhängig voneinander die Nichtigkeit eines VA begründen. § 125 Abs. 3 AO schließt hingegen eine Nichtigkeit nach Abs. 1 aus. Folglich ist zunächst Abs. 2 zu prüfen, dann Abs. 3 und erst im dritten Schritt die Generalklausel des Abs. 1.

(a) Nichtigkeit gem. dem Positivkatalog des § 125 Abs. 2 AO?

Ist einer der Tatbestände des § 125 Abs. 2 AO erfüllt, so ist die Rechtsfolge immer die Nichtigkeit des VA.

- Gemäß § 125 Abs. 2 Nr. 1 AO führt es zur Nichtigkeit, wenn ein schriftlicher oder elektronischer VA die **erlassende Behörde** nicht erkennen lässt. Sofern die erlassende Behörde weder im Kopf noch im Text des VA ausdrücklich genannt ist, ist der Tatbestand erfüllt, selbst wenn der Empfänger z. B. die Möglichkeit hätte, unter einer angegebenen Telefonnummer die erlassende Behörde zu ermitteln oder wenn der entscheidende Beamte genannt ist.
- Ein VA ist i. S. von § 125 Abs. 2 Nr. 2 AO dann nicht befolgbar, wenn eine **objektive Unmöglichkeit** besteht, die sich auf tatsächliche, nicht rechtliche Gründe bezieht. Dies ist z. B.

der Fall, wenn durch einen VA die Herausgabe von Urkunden verlangt wird, die nicht mehr existieren.
- Eine VA verstößt gegen die **guten Sitten** (§ 125 Abs. 2 Nr. 4 AO), wenn ein eklatanter Machtmissbrauch oder ein Verstoß gegen Art. 1 GG vorliegt, vgl. auch § 138 BGB.

(b) Ausschluss der Nichtigkeit gem. dem Negativkatalog des § 125 Abs. 3 AO?

Ist der Tatbestand des § 125 Abs. 3 AO erfüllt, so ist im Hinblick auf die dort aufgeführten Mängel die Rechtsfolge immer die Wirksamkeit des VAs. Leidet der VA jedoch an weiteren Mängeln, so kann sich aus diesen seine Nichtigkeit ergeben.

- Im Fall des § 125 Abs. 3 Nr. 1 AO ist der VA lediglich rechtswidrig, der Mangel ist aber nicht schwerwiegend genug, um die Nichtigkeit nach sich zu ziehen. Der Fehler kann u. U. nach § 127 AO sogar unbeachtlich sein (vgl. S. 82).
- Im Hinblick auf die genannten Personen ist zu beachten, dass die gem. § 82 Abs. 1 Satz 1 Nr. 1 AO und § 83 AO ausgeschlossenen Personen nicht erfasst sind. Im erstgenannten Fall ist der Mangel des VA so schwerwiegend, dass die Rechtsfolge i. d. R. die Nichtigkeit ist. Bei einem Verstoß gegen § 83 AO kann die Rechtsfolge Nichtigkeit gem. § 125 Abs. 1 AO sein, aber u. U. auch die Unbeachtlichkeit nach § 127 AO.

(c) Vorliegen eines besonders schwerwiegenden und offenkundigen Fehlers gem. § 125 Abs. 1 AO?

Nach § 125 Abs. 1 AO tritt Nichtigkeit immer dann ein, wenn ein VA an einem besonders schwerwiegenden und offenkundigen Fehler leidet. **Besonders schwerwiegend** ist ein Fehler nach Ansicht des BFH, wenn

- die an eine ordnungsgemäße Verwaltung zu stellenden Anforderungen in einem so erheblichen Maße verletzt werden, dass von niemandem erwartet werden kann, ihn als verbindlich anzusehen, oder
- der VA als schlechterdings unerträglich erscheint, weil er im Widerspruch zu tragenden Verfassungsprinzipien oder der Rechtsordnung immanenten Wertvorstellungen steht.

Beispiel Steuerinspektor X bearbeitet seine eigene ESt-Erklärung abschließend selbst. Ist der daraufhin ergangene Bescheid nichtig?

Lösung Die Nichtigkeit des Bescheides ergibt sich nicht aus § 125 Abs. 2 AO. Aus der Tatsache, dass die Mitwirkung des Betroffenen nicht unter § 125 Abs. 3 Nr. 2 AO fällt, ergibt sich, dass auch der Gesetzgeber davon ausgeht, dass es sich insoweit nicht um einen Fehler von geringer Bedeutung handelt. Durch das Verhalten des X kann vielmehr der Eindruck entstehen, dass die Verwaltung nicht neutral handelt und die Gesetzmäßigkeit und die Gleichmäßigkeit der Besteuerung nicht gewährleistet sind. Da dieses Verhalten des X somit grundlegenden Prinzipien des Besteuerungsverfahrens zuwider läuft, handelt es sich um einen besonders schwerwiegenden Fehler, der die Anforderungen an eine ordnungsgemäße Verwaltung in einem so erheblichem Maße verletzt, dass von niemandem erwartet werden kann, den Steuerbescheid des X als verbindlich anzusehen.

Dieser Fehler ist auch offenkundig, weil von jedem aufmerksamen und verständigen Bürger erkannt werden kann, dass es fehlerhaft ist, wenn ein Sachbearbeiter seine eigene ESt-

Steuererklärung veranlagt. Folglich ist der ESt-Bescheid des X nach § 125 Abs. 1 AO nichtig.

Der Mangel des VA muss auch **offenkundig** sein, d. h. er ist für jeden aufmerksamen und verständigen Bürger erkennbar. Typische Beispiele sind das Fehlen der unverzichtbaren wesentlichen Bestandteile eines VA (vgl. z. B. § 157 Abs. 1 Satz 2 AO), was zu einer nicht hinreichenden inhaltlichen Bestimmtheit (§ 119 Abs. 1 AO) und somit zur Nichtigkeit führt.

Beispiel In einem Bescheid über Lohnkirchensteuer an den Arbeitgeber wird nicht klargestellt, für welche Konfessionszugehörigkeit die Kirchensteuer erhoben wird. Ist der Bescheid nach § 125 Abs. 1 AO nichtig?

Lösung Gemäß § 157 Abs. 1 Satz 2 AO ist der Steuerbescheid nur hinreichend bestimmt, wenn die Konfessionszugehörigkeit genannt ist (Art der Steuer). Da dies nicht der Fall ist, ist der Bescheid inhaltlich unbestimmt und deshalb nichtig.

Beispiel Der ESt-Bescheid an die zusammenveranlagten Eheleute Ulrich und Anja Meier wird adressiert an „Familie Meier" und sie werden ebenso als Steuerschuldner bezeichnet. Ist der Bescheid gem. § 125 Abs. 1 AO nichtig?

Lösung „Familie Meier" kann einerseits die Eheleute Ulrich und Anja bezeichnen, aber auch ihre Kinder oder Eltern mit umfassen. Da die Adressaten in dem Bescheid folglich nicht hinreichend bestimmt sind (§ 157 Abs. 1 Satz 2 AO), ist der Bescheid nichtig. Etwas anderes würde hingegen gelten, wenn zwar eine falsche Bezeichnung erfolgt, dadurch aber keine Zweifel an der Identität entstehen.

(d) Vorliegen eines wesentlichen nichtigen Teils i. S. des § 125 Abs. 4 AO?

Der Regelfall ist insoweit die Teilnichtigkeit des VA, was allerdings die Teilbarkeit des VA voraussetzt, vgl. auch §§ 124 Abs. 2, 130 Abs. 1, 173 Abs. 1, 175 Abs. 1 AO. Vollständige Nichtigkeit tritt nur im Ausnahmefall ein, wenn die Verwaltung den VA ohne den nichtigen Teil nicht erlassen hätte.

Ist der VA nichtig, so ergibt sich die Rechtsfolge der **Unwirksamkeit** aus § 124 Abs. 3 AO. Er ist also ein rechtliches Nichts und entfaltet keinerlei Rechtswirkungen. Die Finanzbehörde hat gem. § 125 Abs. 5 HS 1 AO die Möglichkeit, dies jederzeit festzustellen. Auch der Betroffene kann bei der Finanzbehörde den Antrag stellen, die Nichtigkeit festzustellen, wenn er daran ein begründetes Interesse hat. Dieses Interesse wird sich i. d. R. aus dem mit dem nichtigen VA verbundenen Rechtsschein ergeben.

f) Rechtsfolgen eines wirksamen, aber rechtswidrigen Verwaltungsaktes

Fehlerhafte VA sind rechtswidrig. Sind die Fehler nicht so schwerwiegend, dass der VA dadurch nichtig ist, so ist fraglich, welche Folgen sich aus der Rechtswidrigkeit ergeben.

Insoweit ist zunächst festzustellen, dass ein rechtswidriger aber nicht nichtiger VA wirksam und vom Betroffenen bis auf weiteres (z. B. Änderung oder Einspruchsentscheidung) zu befolgen ist, § 124 Abs. 2 und 3 AO. Nach der Ursache des jeweiligen Fehlers ist zu unterscheiden zwischen formell und materiell rechtswidrigen VA.

(1) Formell rechtswidriger Verwaltungsakt

Legt der Betroffene gegen den VA nicht rechtzeitig Rechtsmittel ein, so wird er bestandskräftig und der jeweilige Mangel wird unbeachtlich.

Wendet sich der Betroffene hingegen gegen den VA und liegt ein **Form-** (Bsp.: Begründung fehlt) **oder** ein **Verfahrensfehler** (Bsp.: Anhörung unterblieb) vor, der den VA nicht nach § 125 AO nichtig macht, so kommt zunächst eine Heilung nach § 126 AO in Frage. In den dort aufgezählten Fällen besteht die Möglichkeit, den Fehler unter Berücksichtigung aller für das ursprüngliche Verfahren geltenden Vorschriften nachträglich zu beseitigen. Durch eine entsprechende Maßnahme, die bis zum Abschluss des gerichtlichen Verfahrens beim FG erfolgen muss (§ 126 Abs. 2 AO), wird die Rechtswidrigkeit des VA beseitigt. Der VA ist somit durch die Heilung rechtmäßig und ein Rechtsbehelfsverfahren gegen ihn ist erfolglos, wenn er keine weiteren Fehler aufweist. Umstritten ist, ob die Aufzählung des § 126 Abs. 1 AO abschließend ist.

Erfolgt keine Heilung gem. § 126 AO, so wird der VA trotz seiner Rechtswidrigkeit nicht aufgehoben, wenn § 127 AO eingreift. Danach soll ein VA nicht wegen formeller Mängel aufgehoben werden, wenn **keine andere Sachentscheidung** hätte ergehen können. Der Sinn dieser Regelung liegt darin, dass ein lediglich formell fehlerhafter VA anderenfalls aufgehoben werden müsste, um ihn anschließend mit dem gleichen Inhalt erneut wieder zu erlassen.

Folglich ist bei inhaltlich korrekten gebundenen VA ein ausschließlich auf die formelle Fehlerhaftigkeit gestützter Rechtsbehelf erfolglos. Etwas anderes gilt hingegen bei **Ermessens-VA** oder **inhaltlich falschen Entscheidungen**, da in diesem Fall schon aufgrund des formellen Fehlers der Rechtsbehelf erfolgreich ist.

(2) Materiell rechtswidriger Verwaltungsakt
Ein materieller Fehler liegt vor, wenn der VA auf einem falschen oder unvollständigen Sachverhalt beruht (sog. **Sachverhaltsfehler**), das geltende Recht falsch angewandt wurde (sog. **Rechtsfehler**) oder das Ermessen fehlerhaft ausgeübt wurde (sog. **Ermessensfehler**); vgl. auch § 177 Abs. 3 AO.

Sofern ein solcher Fehler nicht zur Nichtigkeit führt, berechtigt er zum Einspruch. Der Fehler wird dann durch Änderung oder Aufhebung des VA im Einspruchsverfahren behoben.

Auch insoweit gilt aber, dass der VA bestandskräftig und der jeweilige Mangel damit unbeachtlich wird, wenn der Betroffene nicht rechtzeitig Rechtsmittel gegen den VA einlegt.

5. Das steuerliche Ermittlungsverfahren und die Steuerfestsetzung

Das Ermittlungs- und das Festsetzungsverfahren werden gemeinsam auch als **Veranlagungsverfahren** bezeichnet. Es handelt sich dabei um den in der Praxis wichtigsten Teil des Besteuerungsverfahrens.

Im Ermittlungsverfahren versucht die Finanzbehörde unter Berücksichtigung der **Besteuerungsgrundsätze** und weiterer rechtlicher Regelungen möglichst genau die Besteuerungsgrundlagen (vgl. § 199 Abs. 1 AO) zu ermitteln, auf deren Grundlage dann im Festsetzungsverfahren die Steuer festgesetzt wird. Es geht somit vor allem darum, ob und in welcher Höhe Steueransprüche entstanden sind.

An das Besteuerungsverfahren schließt sich das Erhebungsverfahren an.

a) Besteuerungsgrundsätze

Das Veranlagungsverfahren wird von zahlreichen Grundsätzen geprägt, denen unterschiedliche Bedeutung zukommt.

(1) Gesetzmäßigkeit der Besteuerung

Aus Art 20 Abs. 3 GG ergibt sich die Bindung der vollziehenden Gewalt – und damit auch der Finanzverwaltung – an Recht und Gesetz. Daraus folgt, dass die Steuern durch die jeweils zuständige Finanzbehörde nur nach Maßgabe der Gesetze festgesetzt werden dürfen. Auch in § 85 Satz 1 AO findet sich dieser Grundsatz, nach dem die Finanzbehörde entstandene

Steueransprüche geltend machen muss und ihr Verträge oder Vergleiche über Steueransprüche verboten sind.

(2) Gleichmäßigkeit der Besteuerung

Auch der **Gleichheitsgrundsatz** des Art. 3 GG findet seine Entsprechung in der AO. So ist gem. § 85 Satz 1 AO die Finanzbehörde verpflichtet, die Steuern gleichmäßig festzusetzen, sodass willkürliche Unterschiede in der Steuerfestsetzung oder -erhebung rechtswidrig sind.

Insoweit ist allerdings nicht von einer absoluten, sondern von einer relativen Gleichheit auszugehen.

Beispiel ▶ A hat ein Bruttomonatseinkommen von 12 000 €, Z hingegen nur von 1 200 €. Würde auf A und Z der gleiche Steuersatz angewandt, sodass z. B. beide 25% ihres Einkommens zu zahlen hätten, so könnte man dies als absolute Gleichheit bezeichnen. Im sozialen Rechtsstaat werden A und Z hingegen unter Anwendung eines progressiven Tarifs nach ihrer Leistungsfähigkeit besteuert, sodass der Steuersatz des A deutlich höher ist als der des Z. A und Z werden also unter Berücksichtigung ihrer unterschiedlichen Möglichkeiten zwar in unterschiedlicher Höhe, aber doch gleich i. S. des Art. 3 GG besteuert.

(3) Untersuchungsgrundsatz

Der Untersuchungsgrundsatz besagt, dass die Feststellung der für die Besteuerung wesentlichen rechtlichen und tatsächlichen Umstände von Amts wegen erfolgt.

Die FinBeh bestimmt somit im Rahmen ihres **Ermessens**, wann ein Besteuerungsverfahren beginnt (§ 86 Satz 1 AO). Ausnahmen gelten insoweit jedoch in den Fällen des § 86 Satz 2 AO.

Voraussetzung für den Beginn eines Ermittlungsverfahrens ist jedoch in jedem Fall, dass ein konkreter Ermittlungsanlass vorliegt, z. B. sofern der Stpfl. eine steuererhebliche Erklärung abgibt oder eine ihn betreffende Kontrollmitteilung eines anderen FA eingeht.

Auch Umfang, Ziel und Ende des Verfahrens bestimmt die Finanzbehörde nach §§ 88 ff. AO. Wie sich aus § 88 AO ergibt, ist das FA nicht an das Vorbringen und die Beweisanträge der Beteiligten gebunden und es hat Ermittlungen ggf. auch zugunsten des Stpfl. vorzunehmen (§ 88 Abs. 2 AO).

Darin liegt auch ein wichtiger Unterschied z. B. zum Verfahren vor den Zivilgerichten: Aufgrund des im Steuerrecht geltenden Untersuchungsgrundsatzes gibt es keine Beweisführungspflicht des Stpfl. Er ist lediglich verpflichtet, bzgl. solcher Tatsachen **mitzuwirken**, die aus seiner Sphäre stammen und auf die das FA schlechteren Zugriff hat als er selbst.

Im Rahmen seiner Untersuchungstätigkeit trifft das FA auch eine **Fürsorgepflicht** ggü. dem Stpfl., die sich insb. in den Beratungs- und Auskunftspflichten der Finanzbehörde (§ 89 AO) niederschlägt.

(4) Recht auf Gehör

Auch in § 91 AO findet das **Rechtsstaatsprinzip** (Art. 20 Abs. 3 GG) seinen Ausdruck. Danach ist dem Betroffenen nicht nur im gerichtlichen Verfahren rechtliches Gehör zu gewähren, bevor in seine Rechte eingegriffen wird (Art. 103 Abs. 1 GG), sondern dies soll auch im Verwaltungsverfahren geschehen. Er soll also Gelegenheit erhalten, sich zu den für die Entscheidung erheblichen Tatsachen – nicht zu rechtlichen Wertungen – zu äußern.

Aus dem Wortlaut („soll") ergibt sich jedoch, dass in Ausnahmefällen von diesem Grundsatz abgewichen werden kann (vgl. § 91 Abs. 2 und 3 AO). Ein Verstoß gegen § 91 AO ist i. d. R. ohne rechtliche Folgen, da ein solcher Fehler gem. § 126 Abs. 1 Nr. 3 AO heilbar ist.

(5) Die Amtssprache ist Deutsch

Als weiterer Verfahrensgrundsatz ist § 87 AO zu nennen, nach dem die Amtssprache Deutsch ist. Danach hat der Stpfl. i. d. R. die Übersetzungskosten zu tragen, wenn eine Übersetzung erforderlich ist (vgl. AEAO zu § 87 Nr. 1).

b) Beteiligte des Ermittlungsverfahrens

Beteiligter ist gem. § 78 AO

- der Antragsteller (Bsp.: Antragsveranlagung gem. § 46 Abs. 2 Nr. 8 EStG) und
- derjenige, an den das FA einen VA richten will oder gerichtet hat (Bsp.: Adressat eines Steuerbescheides).

Nicht Beteiligte sind hingegen

- der Steuerberater, da er lediglich der Bevollmächtigte des Beteiligten ist und folglich nur im Rahmen seiner Vollmacht ermächtigt ist, alle das Verwaltungsverfahren betreffenden Handlungen für den Beteiligten vorzunehmen, vgl. § 80 Abs. 1 AO und S. 32 f.;

- der Beistand, der im Gegensatz zum Bevollmächtigten keine Handlungen im Namen des Beteiligten vornimmt, sondern ihn lediglich unterstützt, vgl. § 80 Abs. 4 AO und
- das FA, das nicht selbst beteiligt ist, sondern lediglich das Verfahren durchführt.

Da das FA nicht selbst Beteiligter ist, sondern das Verfahren quasi als „unbeteiligter Dritter" führt, enthalten die §§ 82 bis 84 AO Regelungen bzgl. des **Ausschlusses** einzelner Personen, die die Objektivität und Unparteiigkeit des jeweiligen Verwaltungsverfahrens sicherstellen sollen. Dadurch wird der Stpfl. geschützt, die Bediensteten der Finanzverwaltung sollen vor Gewissenskonflikten und rechtswidrigen Handlungen bewahrt werden und das Vertrauen der Öffentlichkeit in die Verwaltung soll gestärkt werden.

Gemäß § 82 Abs. 1 AO sind bestimmte, aufgezählte Personen vom Verwaltungsverfahren ausgeschlossen. Diese Personen dürfen in einem entsprechenden Verwaltungsverfahren nicht tätig werden, wobei es gleichgültig ist, ob sie selbst entscheidungsbefugt oder nur vorbereitend tätig sind. Zulässig sind hingegen rein mechanische Tätigkeiten, die der jeweiligen Person keine **Möglichkeit zur inhaltlichen Manipulation** eröffnen.

Beispiel Herr S ist in dem FA tätig, von dem er auch veranlagt wird. Er wendet sich mit einem Einspruch gegen seinen Steuerbescheid. Macht es insoweit einen Unterschied, ob S Sachbearbeiter in der Rechtsbehelfsstelle oder Schreibkraft ist?

Lösung Die von S wahrgenommene Aufgabe macht im Hinblick auf § 82 AO einen Unterschied. Ist der S Sachbearbeiter in der Rechtsbehelfsstelle, so darf er gem. § 82 Abs. 1 Satz 1 Nr. 1 AO als selbst Beteiligter nicht über seinen eigenen Einspruch entscheiden. Ist der S hingegen als Schreibkraft tätig, so darf er seine eigene Einspruchsentscheidung schreiben. Zwar ist er auch in diesem Fall im Verwaltungsverfahren tätig, aber die Entscheidung wurde bereits vom zuständigen Sachbearbeiter getroffen, sodass er insoweit keinen Einfluss mehr ausüben kann.

Wird gegen § 82 AO verstoßen, so ist bzgl. der **Rechtsfolge** zu unterscheiden:

- Wirkt eine selbst beteiligte Person mit (§ 82 Abs. 1 Satz 1 Nr. 1 AO), so ist die Entscheidung gem. § 125 Abs. 1 AO **nichtig**. Somit ist ein in eigener Sache erlassener Steuerbescheid nicht wirksam und unbeachtlich.
- Wirkt hingegen eine Person i. S. des § 82 Abs. 1 Satz 1 Nr. 2 bis 6, Satz 2 AO mit, so ist der VA nicht nichtig (vgl. § 125 Abs. 3 Nr. 2 AO), sondern „nur" rechtswidrig. Eine Heilungsmöglichkeit gem. § 126 AO gibt es insoweit nicht. Hätte in der Sache keine andere Entscheidung ergehen können, da sie auf einer zwingenden Rechtsnorm basiert, so ist der Fehler des VA gem. § 127 AO **unbeachtlich**. Etwas anderes gilt lediglich im Falle von Ermessensentscheidungen.

§ 83 Abs. 1 AO ermöglicht dem Amtsträger, seinem Dienstvorgesetzten oder dem Stpfl. in Fällen, die nicht von § 82 AO erfasst werden, in denen aber anderweitige objektive Tatsachen für eine **Befangenheit** sprechen, eine Befangenheitsprüfung einzuleiten. Entscheidend ist insoweit nicht, ob sich der jeweilige Amtsträger befangen fühlt oder er tatsächlich befangen ist, sondern ob ein vernünftiger Grund vorliegt, aufgrund dessen ein Beteiligter befürchten darf, dass in seinem Falle nicht objektiv entschieden werden wird.

Beispiel Befangenheit liegt z. B. vor, wenn der jeweilige Amtsträger mit dem Betroffenen einen zivilrechtlichen Rechtsstreit führt, beide miteinander liiert sind, im Falle der Berührung wirtschaftlicher Belange des Amtsträgers, bei unsachlichen Äußerungen zu Anträgen des Betroffenen oder einer bestehende Freundschaft zwischen Betroffenem und Amtsperson.

Über die Befangenheit entscheidet der **Behördenleiter** oder sein Beauftragter durch einen **innerdienstlichen Organisationsakt**, d. h. nicht durch einen VA. Folglich ist kein Rechtsbehelf gegen diese Entscheidung gegeben, es kann lediglich die von dem (angeblich) befangenen Amtsträger getroffene Entscheidung angegriffen und überprüft werden.

Wirkt ein befangener und ausgeschlossener Amtsträger an einer Entscheidung mit, so ist die Entscheidung **nicht gem. § 125 AO nichtig**. Trotz der Rechtswidrigkeit einer solchen Entscheidung ist § 127 AO zu beachten, sodass eine Aufhebung aus diesem Grunde nur bei Ermessensentscheidungen in Frage kommt.

c) Mitwirkungspflichten des Beteiligten

Die Feststellung der für die Besteuerung wesentlichen rechtlichen und tatsächlichen Umstände erfolgt gem. § 88 AO von Amts wegen und obliegt somit der Finanzbehörde. Damit diese Ermittlungen aber überhaupt möglich sind, bedarf es in einigen Bereichen der Mithilfe der Beteiligten sowie anderer Personen. Deren Mitwirkungspflichten begrenzen die **Ermittlungspflicht der Finanzbehörde** (vgl. AEAO zu § 88 Nr. 2). Den Mitwirkenden werden durch die AO zahlreiche Pflichten auferlegt, wobei zwischen dem Beteiligten (im Folgenden) und anderen Personen (vgl. S. 96 f.) zu unterscheiden ist.

Beteiligte sind gem. § 90 Abs. 1 Satz 1 AO zur aktiven Mitwirkung bei der Sachverhaltsermittlung verpflichtet. Für sie besteht insoweit die Pflicht zur Vollständigkeit, zur Wahrheit und zur Angabe der ihnen bekannten Beweismittel (vgl. § 90 Abs. 1 Satz 2 AO). Neben dieser allgemeinen Regelung gibt es auch zahlreiche speziell geregelte Mitwirkungspflichten, durch die das FA bei der Einleitung und Durchführung des Ermittlungsverfahrens unterstützt wird. Es kann unterschieden werden zwischen

- **Erklärungspflichten**, aufgrund derer der Stpfl. zur Abgabe einer Steuererklärung verpflichtet sein kann (§ 149 AO) bzw. bei der USt, der LSt und der KapESt sogar zur eigenen Berechnung des Steuerbetrages in einer Steueranmeldung (§ 150 Abs. 1 Satz 3 AO); ferner besteht bei nachträglichem Erkennen eines Fehlers in der Erklärung gem. § 153 AO die Pflicht, diese Erklärung zu berichtigen;
- **Auskunfts- und** sofern diese nicht ausreichen **Vorlagepflichten**, die bei der Sachverhaltsermittlung die Beweisführung ermöglichen sollen und auf einer Aufforderung des FA (§§ 93 ff., 97, 100, 147 Abs. 6, 154 Abs. 2 Satz 2, 160 AO) oder auf einer gesetzlichen Regelung (z. B. §§ 60 EStDV, 31 KStG) basieren;
- **Buchführungs- und Aufzeichnungspflichten**, nach denen der Stpfl. unter bestimmten Voraussetzungen verpflichtet ist, Bücher oder Aufzeichnungen zu führen und dadurch die Grundlagen der Ertrags-, Besitz- und Verkehrssteuern zu ermitteln (§§ 140 bis 147 AO);
- **Anzeigepflichten**, die zur Erfassung eines Stpfl. und somit zur Einleitung eines Veranlagungsverfahrens führen (z. B. §§ 137, 138 AO);

- **Mitwirkungs- und Duldungspflichten** im Rahmen einer Außenprüfung (z. B. §§ 193 ff., 200, 208 AO);
- **Aufbewahrungspflichten** (z. B. § 14b Abs. 1 Satz 5 UStG).

Die Mitwirkungspflichten finden ihre Grenzen neben den Umständen des Einzelfalls u. a. auch im Grundsatz der Verhältnismäßigkeit, sodass nichts Unverhältnismäßiges und nichts Unmögliches gefordert werden darf. Unter bestimmten Voraussetzungen treffen den Stpfl. jedoch sog. **erhöhte Mitwirkungspflichten**, d. h. ihn treffen besonders weitgehende Pflichten. Beispiele dafür sind insb. § 90 Abs. 2 und 3 AO, die Sachverhalte außerhalb des Geltungsbereichs der AO erfassen. Da außerhalb des deutschen Staatsgebietes keine hoheitlichen Ermittlungsmaßnahmen durch die Finanzbehörde durchgeführt werden dürfen, muss der Stpfl. insoweit selbst den jeweiligen Sachverhalt aufklären und darüber hinaus auch noch Beweismittel vorlegen.

Beispiel Der Stpfl. trägt vor, dass er Unterhaltszahlungen an im Ausland ansässige Angehörige leistet. Was muss der Stpfl. im Hinblick auf seine erhöhte Mitwirkungspflicht tun?

Lösung Es reicht nicht aus, wenn der Stpfl. vorträgt, entsprechende Zahlungen geleistet zu haben. Ebenso reicht es nicht aus, wenn er z. B. die Angehörigen und die ausländische Bank benennt, da die deutsche Finanzbehörde nicht befugt ist, diese hoheitlich außerhalb des eigenen Staatsgebietes zu befragen. Vielmehr muss der Stpfl. geeignete Unterlagen vorlegen, z. B. Bescheinigungen der Heimatbehörde oder der ausländischen Bank.

Dasselbe gilt gem. § 90 Abs. 3 AO auch für die Prüfung von Verrechnungspreisen in grenzüberschreitenden Konzernen.

Werden die Mitwirkungspflichten verletzt, so bestehen mehrere Reaktionsmöglichkeiten für die Finanzbehörde:

- Es können bei Nichterfüllung der Pflichten **Zwangsmittel** gem. §§ 328 ff. AO eingesetzt werden (vgl. S. 102 ff.).
- Neben oder statt des Zwangsmittels kann auch ein **Verspätungszuschlag** festgesetzt werden (vgl. S. 99 ff.).
- Die Besteuerungsgrundlagen können gem. § 162 AO **geschätzt** werden, wobei es sich allerdings nicht um ein Druckmittel handelt, sondern um den Versuch, die Steuer auf diesem Wege möglichst richtig festzusetzen (vgl. S. 104 f.).
- Es besteht ferner die Möglichkeit, den Vortrag des Stpfl., auf den sich die jeweilige verletzte Mitwirkungspflicht bezieht, gem. § 160 Abs. 1 Satz 1 AO **nicht zu berücksichtigen** (siehe Beispiel 1).
- Trifft den Stpfl. eine erhöhte Mitwirkungspflicht, so sind die Möglichkeiten der FinBeh noch weitergehend. Sie kann die ihr bekannten Sachverhalte auch zulasten des Stpfl. würdigen und aus der Verletzung der Mitwirkungspflicht **negative Schlüsse ziehen**. Für die Verletzung der Mitwirkungspflichten gem. § 90 Abs. 3 AO finden sich entsprechende Regelungen in § 162 Abs. 3 und 4 AO.

Beispiel 1 Der Stpfl. ist Versicherungsvertreter und trägt im Rahmen seiner Einkommensteuererklärung vor, dass er für die Vermittlung von Kunden Provisionen an Dritte gezahlt habe. Er ist auf Aufforderung des FA allerdings nicht bereit oder nicht in der Lage, die Zahlungsempfänger ggü. dem FA zu benennen. Muss das FA die geltend gemachten Betriebsausgaben anerkennen?

Lösung Es handelt sich insoweit um Betriebsausgaben i. S. des § 160 AO. Da insoweit der Nachweis durch den Stpfl.

fehlt, kann das FA die geltend gemachten Betriebsausgaben nicht anerkennen. Es ist insoweit auch nicht zu weiteren Ermittlungen verpflichtet.

d) Befugnisse der Finanzbehörden

(1) Beweiserhebung

Im Rahmen der **Amtsermittlungspflicht** kann bzw. muss das FA zur Sachaufklärung Beweis erheben. Dabei bedient es sich der Beweismittel, die es nach pflichtgemäßem Ermessen für erforderlich hält (§ 92 Satz 1 AO) und die in § 92 Satz 2 AO beispielhaft aufgezählt sind:

- Auskünfte der Beteiligten (§ 93 AO), ggf. in Form einer Versicherung an Eides statt (§ 95 AO),
- Auskünfte anderer Personen (§§ 93, 93 a AO), ggf. in Form einer Vereidigung vor Gericht (§ 94 AO),
- Hinzuziehung von Sachverständigen (§ 96 AO),
- Vorlage von Urkunden (§ 97 AO),
- Einnahme des Augenscheins (§ 98 AO), z. B. durch das Betreten von Grundstücken oder Räumen (§ 99 AO) oder ein Vorlageverlangen bzgl. Wertsachen (§ 100 AO).

Neben diesen Beweismitteln besteht auch noch die Möglichkeit des **Freibeweises** gem. § 92 Satz 1 AO z. B. durch Kontrollmitteilungen, Außenprüfung, freiwillige Auskünfte, Mitteilungen im Rahmen der Amts- oder Rechtshilfe, privates Wissen usw.

Voraussetzung einer Beweiserhebung ist allerdings, dass die jeweilige Tatsache für die Rechtsanwendung aufklärungsbedürftig ist und ein konkreter Anlass vorliegt (z. B. begründete Zweifel am Vortrag des Stpfl.). Darüber hinaus ist das FA auch nicht frei bei der Auswahl des jeweiligen Beweismittels.

- Es muss dem Beweisverpflichteten rechtlich und tatsächlich möglich sein, den Beweis zu erbringen,
- das Beweismittel muss zur Sachverhaltsklärung tauglich sein,
- es darf kein ebenso geeignetes Mittel geben, das weniger intensiv in die Rechte des Stpfl. bzw. des Beweisverpflichteten eingreift und
- es muss im Hinblick auf den verfolgten Zweck der Maßnahme angemessen sein.

Daraus ergibt sich eine **Reihenfolge der Beweismittel**, die im Rahmen der Ermessensausübung zu berücksichtigen ist:

1. Zunächst ist der Beteiligte im Rahmen seiner Auskunftspflicht in Anspruch zu nehmen, wobei auch insoweit eine Abstufung nach der Eingriffsintensität vorzunehmen ist:
   a) Zuerst sind fernmündliche oder schriftliche Auskünfte vom Beteiligten gem. § 93 Abs. 1 AO einzuholen.
   b) Sofern dies nicht erfolgreich ist, da der Beteiligte keine ausreichende Auskunft erteilt, ist er gem. § 93 Abs. 5 AO vorzuladen.
   c) Ist auch dies nicht ausreichend, so ist die Vorlage von Urkunden gem. § 97 Abs. 2 AO bzw. die Vorlage von Wertsachen gem. § 100 AO zu verlangen.
2. Nur wenn die Sachverhaltsaufklärung durch den Beteiligten nicht zum Erfolg führt oder keinen Erfolg verspricht, sollen andere Personen in das Verfahren einbezogen werden, wobei auch insoweit eine Abstufung vorzunehmen ist:
   a) Zunächst sind von den anderen Personen fernmündliche oder schriftliche Auskünfte einzuholen (§ 93 Abs. 1 Satz 3 AO).

b) Ist dies nicht erfolgreich, so ist die andere Person gem. § 93 Abs. 5 AO an Amtsstelle vorzuladen.
c) Führt auch dies nicht zum Erfolg, so ist die Vorlage von Urkunden gem. § 97 Abs. 2 AO bzw. die Vorlage von Wertsachen gem. § 100 AO durch den Dritten zu verlangen.
3. Ist auch die Inanspruchnahme des Dritten nicht erfolgreich, so stehen noch zwei Mittel zur Verfügung, die aufgrund der damit verbundenen strafrechtlichen Sanktionen nur als „letzte Möglichkeit" in Frage kommen:
   a) Die Versicherung an Eides statt des Beteiligten gem. § 95 Abs. 1 Satz 2 AO, bei der eine Falschaussage gem. § 156 StGB mit bis zu drei Jahren Freiheitsstrafe oder Geldstrafe bestraft werden kann.
   b) Die eidliche Vernehmung der anderen Personen gem. § 94 Abs. 1 Satz 1 AO, bei der eine Falschaussage ein Meineid oder fahrlässigen Falscheid darstellt (vgl. §§ 153 bis 164 StGB).

Der Beteiligte oder ein Dritter müssen aber nicht in jedem Fall Auskünfte erteilen oder Sachen vorlegen, wobei die **Auskunfts- und Vorlageverweigerungsrechte** des Stpfl. deutlich schwächer ausgeprägt sind. Er ist lediglich nicht verpflichtet, sich selbst wegen einer von ihm begangenen Steuerstraftat oder Steuerordnungswidrigkeit zu belasten (§ 393 Abs. 1 Satz 2 AO).

Für andere Personenkreise sind in den §§ 101 bis 103 AO allerdings umfangreiche Verweigerungsrechte geregelt, durch die dem Spannungsverhältnis zwischen der Notwendigkeit der Sachaufklärung im Besteuerungsverfahren und dem

Treue- und Näheverhältnis zwischen dem Stpfl. und dem Dritten Rechnung getragen werden soll.

So besteht gem. § 101 Abs. 1 AO ein Verweigerungsrecht für **Angehörige** i. S. des § 15 AO, das allerdings nicht eingreift, wenn die Auskunft zugleich die eigenen Verhältnisse des Angehörigen betrifft oder er eine Auskunftspflicht für einen Beteiligten zu erfüllen hat.

Beispiel Hat der selbständige Stpfl. M mit seiner Ehefrau F einen Ehegatten-Arbeitsvertrag geschlossen, so steht der F bzgl. der LSt kein Auskunftsverweigerungsrecht zu, da sie selbst Stpfl. der LSt ist. Dasselbe gilt bzgl. der steuerlichen Belange des Kindes K, wenn die Eltern M und F seine gesetzlichen Vertreter und somit gem. § 34 AO verpflichtet sind, die steuerlichen Pflichten des K zu erfüllen.

Ein weiteres Verweigerungsrecht besteht gem. § 103 AO bei der **Gefahr einer strafrechtlichen Verfolgun**g. Sowohl über das Recht nach § 101 Abs. 1 AO als auch über das nach § 103 AO muss das FA belehren, sofern die entfernte Möglichkeit ihres Eingreifens besteht (§§ 101 Abs. 1 Satz 1, 103 Satz 2 AO). Wird gegen diese **Belehrungspflicht** verstoßen, so führt dies zur Unverwertbarkeit der erlangten Auskünfte.

Weitere Verweigerungsrechte zum **Schutz der jeweiligen Berufsgeheimnisse** ergeben sich aus § 102 AO. Aufgrund der Tätigkeit der jeweiligen Personen wird davon ausgegangen, dass ihnen ihr Verweigerungsrecht bekannt ist, sodass eine diesbezügliche Belehrung nicht erforderlich ist.

Der Katalog des § 102 AO ist abschließend, sodass das Verweigerungsrecht den in Abs. 1 Genannten (Geistliche, Nr. 1;

Abgeordnete, Nr. 2; Verteidiger, Anwälte, Notare, Steuerberater, Wirtschaftsprüfer, vereidigte Buchprüfer, Ärzte, Therapeuten usw., Nr. 3; Presse- und Rundfunkmitarbeiter, Nr. 4) und gem. Abs. 2 auch deren Bediensteten und Auszubildenden zusteht. Ein Verweigerungsrecht für die Angestellten von Banken und Sparkassen oder gar ein **„Bankgeheimnis“** besteht hingegen nicht. Vielmehr gilt gem. § 30a Abs. 5 AO für Auskunftsersuchen ggü. Banken auch § 93 AO.

Das Auskunftsverweigerungsrecht gem. § 102 AO bezieht sich auf alle Informationen, die im Rahmen der beruflichen Tätigkeit bekannt wurden. Allerdings bezieht sich § 102 Abs. 1 Nr. 4 AO nur auf den redaktionellen Teil, nicht hingegen auf den Anzeigenteil der Presse- oder Rundfunkerzeugnisse, da nur insoweit der grundgesetzliche Schutz der Presse und des Rundfunks (Art 5 Abs. 1 Satz 2 GG) eingreift. Ferner besteht die Möglichkeit, die gem. § 102 Abs. 1 Nr. 3 AO zur Auskunftsverweigerung berechtigten von ihrer Verpflichtung zur Verschwiegenheit zu **entbinden**, sodass für sie und ihre Hilfspersonen das Verweigerungsrecht entfällt und eine Auskunftspflicht entsteht.

Generell steht es dem Dritten frei, von seinem Verweigerungsrecht Gebrauch zu machen. Tut er dies nicht und macht trotz der Kenntnis von diesem Recht eine Aussage, so liegt darin ein Verzicht auf das Auskunftsverweigerungsrecht und die Aussage ist im Veranlagungsverfahren verwertbar. Wird der Verzicht aber vor der Verwertung widerrufen, so darf die erteilte Auskunft nicht verwertet werden.

(2) Verspätungszuschlag

Der Verspätungszuschlag gem. § 152 AO ist ein Druckmittel, um den Stpfl. zur **rechtzeitigen Abgabe** seiner Steuererklärung anzuhalten, dadurch den Fortgang der Veranlagung zu sichern und somit die rechtzeitige Festsetzung und Entrichtung der Steuern zu erreichen. Rechtlich handelt es sich beim Verspätungszuschlag um eine steuerliche Nebenleistung i. S. des § 3 Abs. 3 AO, die sowohl bzgl. der bereits begangenen Pflichtverletzung repressiv wirkt als auch präventiv bzgl. der künftig ordnungsgemäßen Pflichterfüllung.

§ 152 AO ist eine **Ermessensvorschrift**. Die Festsetzung des Zuschlags erfolgt meist zusammen mit der Steuerfestsetzung, was allerdings nicht zwingend ist, da die Festsetzung des Verspätungszuschlages ein selbständiger VA ist.

Die Prüfung der tatbestandlichen Voraussetzungen des § 152 Abs. 1 Satz 1 und 2 AO erfolgt in folgenden Schritten:

1. Eine **Steuererklärung** (vgl. § 149 AO) wurde **nicht oder verspätet abgegeben**. Folglich ist § 152 AO nicht anwendbar im Falle von angeforderten Auskünften oder Unterlagen. Ferner muss das Ende der Erklärungsfrist für den Stpfl. eindeutig erkennbar sein, sodass z. B. die Ablehnung einer Fristverlängerung eindeutig erfolgen muss und die Nichtbescheidung eines Fristverlängerungsantrages nicht ausreichend ist.
2. Die Nichtabgabe oder verspätete Abgabe erfolgt entgegen einer bestehenden **Verpflichtung**.
3. Die Versäumnis erscheint **nicht entschuldbar**. Insoweit steht das Verschulden eines gesetzlichen Vertreters oder eines Erfüllungsgehilfen dem Verschulden des zur Abgabe Verpflichteten gleich (§ 152 Abs. 1 Satz 3 AO). Entschuldigend wirken z. B. nicht Arbeitsüberlastung, Personalmangel oder voraussehbare Abwesenheit (Urlaub, Dienstreise). Ausnahmen sind nur bei außergewöhnlichen, unvorhersehbaren Umständen möglich wie z. B. bei überraschender Arbeitsunfähigkeit mehrerer Angestellter in einem Steuerberaterbüro oder des Steuerberaters selbst (vgl. dazu auch

S. 46 ff.). Erscheint die Versäumnis entschuldbar, so kann kein Verspätungszuschlag festgesetzt werden und die Prüfung ist somit beendet.

4. Erscheint die Verspätung nicht entschuldbar, so folgt eine Ermessensentscheidung:
   a) Zunächst ist das **Entschließungsermessen** auszuüben, d. h. es ist zu entscheiden, ob ein Verspätungszuschlag festgesetzt werden soll und
   b) im zweiten Schritt ist das **Auswahlermessen** bzgl. der Höhe des Verspätungszuschlages auszuüben.

   Für das Auswahlermessen finden sich in § 152 Abs. 2 AO ermessensleitende Gesichtspunkte bzgl. der Höhe des Verspätungszuschlages (Satz 1; vgl. auch AEAO zu § 152 Nr. 6) und bzgl. der zu berücksichtigenden Kriterien (Satz 2; vgl. auch AEAO zu § 152 Nr. 7). Aus der Bezugnahme auf den sich aus der Steuerfestsetzung ergebenden Zahlungsanspruch folgt, dass ein Verspätungszuschlag unzulässig ist, wenn die festgesetzte Steuer vor Abrechnung von Steuerabzugsbeträgen und Vorauszahlungen null beträgt oder negativ ist.

Schuldner des Verspätungszuschlages ist prinzipiell der Erklärungspflichtige, also derjenige, der nach § 149 Abs. 1 AO zur Abgabe der Steuererklärung verpflichtet ist. Folglich erfolgt die Festsetzung nie ggü. dem Steuerberater und auch ggü. gesetzlichen Vertretern kommt sie nur im Ausnahmefall in Frage (vgl. AEAO zu § 152 Nr. 1). Bei zusammenveranlagten Ehegatten ist hingegen eine Festsetzung des Verspätungszuschlages gegenüber beiden durch zusammengefassten Bescheid nach § 155 Abs. 3 Satz 2 AO möglich, da sie beide für die rechtzeitige Erfüllung der Erklärungspflicht verantwortlich sind. In diesem Fall sind die Ehegatten für den Verspätungszuschlag gem. § 44 AO als Gesamtschuldner in Anspruch zu nehmen.

Der Verspätungszuschlag kann auch neben den **Zwangsmitteln** der §§ 328 ff. AO festgesetzt werden, wobei zu beachten ist, dass diese verschiedenen Maßnahmen in der Kumulation nicht unverhältnismäßig sein dürfen.

Auch Verspätungszuschlag und **Säumniszuschlag** schließen sich nicht gegenseitig aus, da mit ihnen unterschiedliche Ziele verfolgt werden. Mit dem Verspätungszuschlag wird auf eine verspätete Erklärung reagiert, mit dem Säumniszuschlag hingegen auf eine verspätete Zahlung.

(3) Zwangsmittel

Sofern der Stpfl. oder ein Dritter die durch Verwaltungsakt bestimmten **Mitwirkungspflichten nicht erfüllt**, kann das FA diese Pflichten mit Zwangsmitteln i. S. des § 328 Abs. 1 Satz 1 AO durchsetzen.

Beispiel Erzwingbar sind somit z. B. die Abgabe einer Steuererklärung, die Erteilung von Auskünften, die Vorlage von Urkunden und die Duldung einer Betriebsprüfung. Nicht erzwingbar sind hingegen eine Versicherung an Eides statt (§ 95 Abs. 6 AO), die Erteilung von Auskünften bei bestehenden Auskunftsverweigerungsrecht oder die Befolgung von Sollvorschriften wie z. B. § 357 Abs. 3 AO.

Das am häufigsten angewandte Zwangsmittel ist das **Zwangsgeld**, da es im Gegensatz zu Ersatzvornahme und unmittelbarem Zwang den Pflichtigen am geringsten beeinträchtigt (vgl. § 328 Abs. 2 Satz 1 AO).

Im Zwangsverfahren sind zwei Schritte zu unterscheiden:

1. Die **Androhung des Zwangsmittels** gem. § 332 AO: Das Zwangsmittel muss der Durchsetzung eines VA i. S. des § 328 Abs. 1 Satz 1 AO dienen. Die Androhung muss grundsätzlich schriftlich erfolgen (§ 332 Abs. 1 Satz 1 und 2 AO), in ihr muss eine angemessene Frist bestimmt werden (§ 332 Abs. 1 Satz 3 AO) und es bedarf einer spezifizierten Androhung i. S. des § 332 Abs. 2 Satz 2 und 3 AO. Die Androhung des Zwangsmittels ist eine Ermessensentscheidung.
2. Wird die Verpflichtung trotz der Androhung in der gesetzten Frist nicht erfüllt, folgt die **Festsetzung des angedrohten Zwangsmittels** gem. § 333 AO.

Wird die Verpflichtung auf die Festsetzung hin erfüllt, so ist das Zwangsmittelverfahren unmittelbar einzustellen.

Beispiel Dem W wurde ein Zwangsgeld angedroht, das dann in der Folge auch festgesetzt wurde. Macht es einen Unterschied, ob W seine Verpflichtung vor oder nach Zahlung des Zwangsgeldes erfüllt?

Lösung Sobald W seine Verpflichtung erfüllt, ist das Zwangsmittelverfahren einzustellen. Erfüllt er seine Verpflichtung vor der Zahlung, so ist schon in diesem Zeitpunkt das Verfahren einzustellen. Eine spätere Zahlung des Zwangsgeldes erfolgt somit ohne Rechtsgrund, sodass W einen Erstattungsanspruch bzgl. des gezahlten Zwangsgeldes hat. Zahlt W das Zwangsgeld hingegen zuerst und erfüllt seine Verpflichtung danach, so wird das Zwangsgeldverfahren erst in diesem Zeitpunkt eingestellt. Folglich hat er auf eine bestehende Schuld geleistet und keinen Erstattungsanspruch.

Wird die Verpflichtung jedoch nicht erfüllt, so muss der Pflichtige den Vollzug des Zwangsmittels dulden, d. h. normalerweise, dass er das Zwangsgeld zahlen muss. Ist das zunächst angedrohte Zwangsgeld erfolglos geblieben, so kann ein neues Zwangsgeld angedroht werden. Dies kann u. U. auch gemeinsam mit der Festsetzung des ersten Zwangsgeldes erfolgen. Ist ein festgesetztes Zwangsgeld nicht einbringlich, so kann eine Ersatzzwangshaft gem. § 334 AO angeordnet werden.

Führen Zwangsgelder nicht zum Erfolg, so bestehen auch die Möglichkeiten einer Erstzvornahme (§ 330 AO) oder des unmittelbaren Zwangs (§ 331 AO).

(4) Schätzung

Wenn die Ermittlungen gem. §§ 88 ff. AO ohne sicheres Ergebnis geblieben sind und das FA folglich die Besteuerungsgrundlagen nicht ermitteln oder berechnen kann, so muss es gem. § 162 AO schätzen.

Die Pflicht zur Schätzung bezieht sich auf die **Besteuerungsgrundlagen** unter Berücksichtigung aller Umstände des Einzelfalls, nicht hingegen auf die Steuer. Diese ist ausgehend von den geschätzten Besteuerungsgrundlagen zu berechnen.

§ 162 AO zählt in seinen Abs. 2 und 3 beispielhaft Umstände auf, unter denen eine Schätzung in Betracht kommt:

- Unzureichende Sachaufklärung, Verweigerung weiterer Auskünfte oder Verweigerung einer eidesstattlichen Versicherung,
- Verletzung der Mitwirkungspflichten gem. § 90 Abs. 2 oder 3 AO,
- Nichtvorlage von Büchern oder Aufzeichnungen oder
- Buchführung oder Aufzeichnungen sind unrichtig.

Ziel der Schätzung ist es, das Ergebnis zu finden, das die größte Wahrscheinlichkeit der Richtigkeit für sich hat. Dementsprechend sind alle bekannten Fakten zu berücksichtigen und das Ergebnis muss möglich und wirtschaftlich sinnvoll sein. Insoweit sind auch Unsicherheitszuschläge zulässig, hingegen keine sog. „Strafschätzungen“.

Gemäß **§ 91 AO** sollte das FA dem Stpfl. die Grundlagen für die Schätzung, die Methode und ihr Ergebnis vor Erlass des Bescheides zur Stellungnahme bekannt geben. Auch wenn es dann in der Folge zum Erlass des Schätzungsbescheides kommt, bleibt die **Erklärungspflicht** weiterhin bestehen (§ 149 Abs. 1 Satz 4 AO) und sie kann auch weiterhin mit einem Zwangsgeld durchgesetzt werden.

Weicht die Schätzung von den tatsächlichen Gegebenheiten ab, ist sie nicht deshalb **rechtswidrig**, da Unsicherheiten zulasten des Stpfl. gehen. Nur wenn der durch die Umstände des Falles gezogene Schätzungsrahmen zwischen der Berücksichtigung aller denkbaren steuererhöhenden Grundlagen (= obere Grenze) und der Berücksichtigung aller denkbaren steuermindernden Grundlagen (= untere Grenze) verlassen wird, ist ein Schätzungsbescheid rechtswidrig.

Im Gegensatz dazu **nichtig** und folglich unwirksam ist ein Schätzungsbescheid erst, wenn das FA bewusst willkürlich zum Nachteil des Stpfl. geschätzt hat.

e) Abschluss des Steuerfestsetzungsverfahren

Das Steuerfestsetzungsverfahren endet durch die Festsetzung einer Steuer in einem Steuerbescheid (vgl. S. 59 ff.) oder durch einen Freistellungsbescheid. Bei den Steuerbescheiden sind zahlreiche Arten von Bescheiden zu unterscheiden.

(1) Steuerbescheid

Bei Steuerbescheiden handelt es sch um eine Sonderform der SteuerVAs. Folglich gelten für sie die allgemeinen Regeln, die jedoch durch Spezialregelungen für Steuerbescheide (z. B. § 157 AO) ergänzt werden. Dementsprechend sind die §§ 119 bis 129 AO auf Steuerbescheide anwendbar, nicht hingegen die §§ 130, 131, da diese durch die §§ 172 bis 177 AO verdrängt werden (vgl. § 172 Abs. 1 Satz 1 Nr. 2 Buchst. d AO).

Für Steuerbescheide gibt es zahlreiche **Formerfordernisse**: Der Bescheid muss vorbehaltlich abweichender Regelungen Schriftform haben (§ 157 Abs. 1 Satz 1 AO; für elektronische Dokumente vgl. § 87a Abs. 4 AO), er muss Steuerschuldner, Steuerart, Steuerbetrag (alles § 157 Abs. 1 Satz 2 AO) und den Steuerzeitraum (§ 119 Abs. 1 AO) enthalten und die erlassene Behörde erkennen lassen (§ 119 Abs. 3 AO). Fehlt eine dieser Angaben, ist der Bescheid gem. § 125 AO nichtig. Eine falsche Bezeichnung des Steuerschuldners ist insoweit aber unschädlich, sofern er sich nur eindeutig aus dem Anschriftenfeld oder dem Bescheid ergibt. Diesbezügliche Schreibfehler (z. B. „Maier“ statt „Meyer“) sind unerheblich, wenn dadurch keine Identitätszweifel entstehen.

Die Unterschrift und Namenswiedergabe eines Steuerbeamten sind bei maschinell erstellten Bescheiden nicht notwendig. Bei anderen Bescheiden führt ein diesbezüglicher Fehler nicht zur Nichtigkeit des VA; u. U. kann der Fehler nach § 127 AO unbeachtlich sein.

Schriftliche Steuerbescheide müssen ferner die zu ihrem Verständnis erforderlichen Angaben enthalten, d. h. insb. die Besteuerungsgrundlagen (§ 157 Abs. 2 AO), erforderliche Begründungen (§ 121 Abs. 1 AO) und die Rechtsbehelfsbelehrung (§ 157 Abs. 1 Satz 3 AO). Fehlen diese Angaben ist der Bescheid aber nicht nichtig. Bezüglich der Rechtsbehelfsbelehrung führt das Fehlen gem. § 356 Abs. 2 AO lediglich zu einer auf ein Jahr verlängerten Einspruchsfrist.

Die **Bekanntgabe** von Steuerbescheiden erfolgt entweder vereinfacht durch die Post mit einfachem Brief gem. § 122 Abs. 2 AO oder durch Zustellung nach § 122 Abs. 5 AO i. V. m. §§ 3 ff. VwZG. In Ausnahmefällen kann die Bekanntgabe auch durch öffentliche Bekanntmachung gem. § 122 Abs. 3 und 4 AO erfolgen.

Der wichtigste Teil des Steuerbescheides ist der Entscheidungssatz, der sog. **Tenor**, dessen Bestandteile sich aus § 157 Abs. 1 Satz 2 AO ergeben.

Beispiel „Die Einkommensteuer 2007 für Herrn W wird festgesetzt auf 1 827 €."

Nur der Tenor eines Steuerbescheides erwächst in Bestandskraft. Die **Besteuerungsgrundlagen** werden hingegen – sofern nicht eine gesonderte Feststellung gem. §§ 179, 180 AO vorliegt – nicht bestandskräftig und können auch nicht selbständig mit Rechtsbehelfen angegriffen werden.

Auch die **Begründung** eines Steuerbescheides erwächst nicht in Bestandskraft. Folglich kann der Stpfl. zwar durch einen unzutreffenden Tenor i. S. des § 350 AO beschwert sein, nicht jedoch durch eine fehlerhafte Begründung. Mithin kann der Stpfl. einen Steuerbescheid nicht anfechten, wenn die Begründung zwar fehlerhaft ist, sich aber nicht auf den Tenor auswirkt.

(2) Null-Bescheid

Wird bei einer Steuerart, bei der eine negative Steuer nicht möglich ist (z. B. ESt) die Steuer auf 0 € festgesetzt, so spricht man von einem Null-Bescheid. Es handelt sich dabei um einen Steuerbescheid, dessen Besonderheiten sich lediglich aus der Höhe der Festsetzung ergeben. Folglich sind alle Regeln für Steuerbescheide auf ihn anwendbar, wobei sich jedoch Probleme bzgl. der **Beschwer** als Voraussetzung der Einspruchsbefugnis ergeben (vgl. § 350 AO und S. 166 f.).

Da die Festsetzung im Tenor des Steuerbescheides auf 0 € lautet, ist der Stpfl. grundsätzlich nicht beschwert. Eine Beschwer wird jedoch angenommen, wenn

- der Null-Bescheid den Stpfl. allein dadurch beschwert, dass eine Steuerpflicht bejaht wird oder
- sich aus dem Bescheid Folgewirkungen im nichtsteuerlichen Bereich ergeben (z. B. Sozialhilfe oder BaföG).

(3) Zusammengefasste Steuerbescheide

Bei zusammengefassten Bescheiden handelt es sich um inhaltsgleiche Steuerbescheide, die aus Gründen der Verfahrensvereinfachung an alle oder an mehrere Gesamtschuldner gerichtet werden (vgl. § 155 Abs. 3 AO).

Beispiel ► Zusammengefasste Steuerbescheide kommen gegenüber zusammenveranlagten Ehegatten in Frage.

Rechtlich liegen mehrere Steuerbescheide vor, die nur äußerlich in einem Schriftstück zusammengefasst wurden. Da es sich insoweit um **Gesamtschuldner** handelt, liegt kein Verstoß gegen das Steuergeheimnis vor.

Werden hingegen mehrere Steuerbescheide gegen einen Steuerschuldner in einem Schriftstück zusammengefasst, liegt ein sog. Sammelbescheid vor.

(4) Vorbehaltsbescheid

Die Festsetzung der Steuer erfolgt i. d. R. gem. § 155 Abs. 1 AO durch einen Steuerbescheid, der im gesetzlich vorgesehenen Regelfall keine Einschränkungen bzw. **Nebenbestimmungen** enthält (vgl. § 120 Abs. 1 AO). Es besteht allerdings die Möglichkeit, den Bescheid gem. § 164 Abs. 1 Satz 1 AO mit einem Vorbehaltsvermerk, d. h. mit einer Nebenbestimmung i. S. des § 120 Abs. 1 AO zu versehen. Dabei handelt es sich um einen **unselbständigen Teil des Tenors**, der nur gemeinsam mit der Steuerfestsetzung angegriffen werden kann und keiner gesonderten Begründung bedarf (§ 164 Abs. 1 Satz 1 AO).

Voraussetzung einer Vorbehaltsfestsetzung ist lediglich, dass der Fall noch **nicht abschließend geprüft** wurde. Eine solche

Prüfung liegt im Falle einer Außenprüfung i. S. des § 193 AO vor, nicht hingegen z. B. im Rahmen der Veranlagung oder eines Rechtsbehelfsverfahrens. Dementsprechend ist der Vorbehalt nach einer Außenprüfung i. S. des § 193 AO stets aufzuheben, nicht nur in den Fällen des § 164 Abs. 3 Satz 3 AO.

Die Setzung des Vorbehaltes der Nachprüfung ist – abgesehen vom Fall des § 164 Abs. 1 Satz 2 AO – eine **Ermessensentscheidung**. Sie erfasst die gesamte Steuerfestsetzung, was gem. § 164 Abs. 2 Satz 1 AO dazu führt, dass die Festsetzung jederzeit und uneingeschränkt zugunsten und zulasten des Stpfl. aufgehoben oder geändert werden kann. Aufgrund des Vorbehaltes kann sich kein Vertrauen des Stpfl. auf den Fortbestand der Festsetzung bilden. Es ist allerdings § 176 AO zu beachten.

Die Änderung erfolgt durch einen **Änderungsbescheid**, der seinerseits in vollem Umfang anfechtbar ist. Sofern der Vorbehalt aber in diesem Bescheid nicht ausdrücklich aufgehoben wird, gilt er nach h. M. auch für den Änderungsbescheid fort.

Wird der Vorbehalt gem. § 164 Abs. 3 AO aufgehoben oder entfällt er gem. § 164 Abs. 4 AO aufgrund des Ablaufes der Festsetzungsfrist, so kann der Bescheid nicht mehr nach § 164 Abs. 2 AO, sondern nur noch nach den §§ 172 ff. AO geändert werden.

Abgesehen von der erleichterten Änderung oder Aufhebung eines Vorbehaltsbescheides kommt ihm die gleiche Wirkung zu wie einem endgültigen Steuerbescheid, sodass er z. B. uneingeschränkt anfechtbar ist.

(5) Vorläufiger Steuerbescheid

Gemäß § 165 Abs. 1 Satz 1 AO besteht auch die Möglichkeit, die Steuer nur vorläufig festzusetzen, wenn ungewiss ist, ob und inwieweit die Voraussetzungen für ihre Entstehung eingetreten sind. Es muss sich folglich um eine **nur vorübergehende Ungewissheit** handeln, d. h. es muss zu erwarten sein, dass sie in absehbarer Zeit beseitigt werden kann. Aufgrund dieser wird die Veranlagung lediglich bzgl. einzelner Punkte offen gehalten.

Die **Ungewissheit** i. S. des § 165 Abs. 1 AO muss sich auf die Voraussetzung für die Entstehung einer Steuer und damit auf Tatsachen beziehen, die den gesetzlichen Tatbestand oder einzelne Merkmale des Tatbestandes erfüllen. Es kann sich somit um steuerlich erhebliche Tatsachen, außersteuerrechtliche Rechtsverhältnisse oder Vorfragen steuerrechtlicher Art handeln, die ein anderes Steuerschuldverhältnis oder eine andere Steuerart betreffen und in einem anderen Verfahren entschieden werden. Anderweitige rechtliche Ungewissheiten können nur in den von § 165 Abs. 1 Satz 2 AO ausdrücklich erfassten Sonderfällen zur Vorläufigkeit führen. Folglich stellen z. B. die Frage, ob eine steuerliche Vorschrift angewendet werden darf oder wie die Tatbestandsmerkmale einer steuerlichen Norm auszulegen sind, keine Ungewissheit i. S. des § 165 Abs. 1 AO dar.

Auch die Setzung der Vorläufigkeit ist eine **Ermessensentscheidung** und gem. § 165 Abs. 1 Satz 3 AO sind ausdrücklich Umfang und Grund der Vorläufigkeit anzugeben. Geschieht dies nicht oder liegen die Voraussetzungen der Vorläufigkeit nicht vor, so ist der diesbezügliche Vermerk unwirksam und der Bescheid ist endgültig wirksam.

Gemäß § 165 Abs. 2 Satz 1 AO bleibt der Steuerfall (nur) bzgl. der ungewissen Punkte offen, sodass die Festsetzung insoweit jederzeit und uneingeschränkt aufgehoben oder geändert werden kann. Ist die Ungewissheit beseitigt, so ist das FA im Falle der Abweichung gem. § 165 Abs. 2 Satz 2 AO zur Änderung verpflichtet. Ansonsten hat der vorläufige Steuerbescheid die gleichen Wirkungen wie ein endgültiger.

(6) Freistellungsbescheid

Beim Freistellungsbescheid gem. § 155 Abs. 1 Satz 3 AO handelt es sich um die verbindliche Feststellung der Finanzbehörde ggü. dem Stpfl, dass insgesamt oder teilweise keine Steuer geschuldet wird. Es handelt sich somit um einen VA in Form eines Steuerbescheides, für den die Regeln für Steuerbescheide anwendbar sind.

Eine Freistellung kann z. B. in Frage kommen bei Nichtsteuerbarkeit oder Nichtüberschreiten der Freibeträge bei einer Steuerveranlagung.

(7) Vorauszahlungsbescheid

Vorauszahlungsbescheide sind Steuerbescheide i. S. des § 157 AO, die gem. § 164 Abs. 1 Satz 2 AO immer unter dem **Vorbehalt der Nachprüfung** stehen. Deshalb muss der Vorbehalt nicht extra beigefügt werden.

Hat das FA sein **Ermessen** dahingehend ausgeübt, dass Vorauszahlungen festgesetzt werden sollen, so sind sie entsprechend der sich voraussichtlich ergebenden Jahressteuern festzusetzen. Gegen den Vorauszahlungsbescheid ist der Einspruch statthaft, aber auch nach Eintritt der Unanfechtbarkeit ist eine Änderung nach § 164 Abs. 2 AO möglich. Zur Änderung von ESt-Vorauszahlungen vgl. § 37 Abs. 3 und 4 EStG.

(8) Steueranmeldung

Eine Steuererklärung, in der der Stpfl. die Steuer selbst zu berechnen hat, ist gem. § 150 Abs. 1 Satz 3 AO eine Steueranmeldung. Beispielhaft sind zu nennen USt-Voranmeldung (§ 18 Abs. 1 Satz 1 UStG), USt-Jahreserklärung (§ 18 Abs. 3 Satz 1 UStG), LSt-Anmeldung (§ 41a Abs. 1 Satz 1 Nr. 1 EStG) und die Bauabzugssteuer (§ 48a Abs. 1 Satz 1 EStG).

Steueranmeldungen wirken gem. § 168 Abs. 1 AO mit Eingang beim FA wie **Festsetzungen unter dem Vorbehalt der Nachprüfung**. Folglich ist die angemeldete Steuer ohne Leistungsgebot zum Fälligkeitstermin zu zahlen und ggf. vollstreckbar. Da die Steueranmeldung durch § 168 Satz 1 AO einem VA gleichgestellt ist, besteht ferner für den Stpfl. die Möglichkeit, gegen seine eigene Anmeldung **Einspruch** einzulegen, weil er sie zu hoch vorgenommen wurde.

Führt die Anmeldung allerdings zu einer **Herabsetzung** der bisher zu entrichtenden Steuer oder zu einer **Vergütung**, so tritt die Wirkung einer Steuerfestsetzung gem. § 168 Satz 2 AO erst ein, wenn das FA der Anmeldung zugestimmt hat. Dies gilt auch, wenn der Stpfl. seine bisherige Anmeldung zu seinen Gunsten korrigiert.

Die **Zustimmung** ist ein eigener formloser (§ 168 Satz 3 AO) VA und kann z. B. auch in der Zahlung der Erstattung liegen. Wird die Zustimmung hingegen nicht erteilt, muss ein Ablehnungs- (§ 155 Abs. 1 Satz 3 AO) oder ein Steuerbescheid (§ 167 Abs. 1 AO) ergehen.

Die **Rechtsbehelfsfrist** beginnt mit dem Eingang der Steueranmeldung beim FA bzw. bei zustimmungsbedürftigen Anmeldungen mit Bekanntgabe der Zustimmung (§ 355 Abs. 1 Satz 2 AO). Ein Einspruch gegen eine eigene Steueranmeldung kann insb. zweckmäßig sein, wenn der Stpfl. einen Antrag auf Aussetzung der Vollziehung stellen will.

6. Das Steuergeheimnis

Das in § 30 AO geregelte Steuergeheimnis schützt den Bürger gegen die unbefugte Verwertung und Verwendung seiner individuellen Daten und gewährleistet dadurch im steuerlichen Bereich sein Grundrecht auf informationelle Selbstbestimmung (Art. 2 Abs. 1 i. V. m. Art. 1 Abs. 1 GG).

Das Steuergeheimnis ist erforderlich, da im Steuerrecht das Prinzip der „gläsernen Taschen" gilt, nach dem alle persönlichen, wirtschaftlichen und sozialen Tatsachen vollständig und wahr zu offenbaren sind, soweit sie steuererheblich sind. Als „Gegenleistung" für diese sehr weitgehenden Mitwirkungs- und Offenbarungspflichten erhält der Bürger den Schutz des § 30 AO.

Beispiel H bestreitet seinen Lebensunterhalt, indem er gestohlene Sachen an- und gewinnbringend wieder verkauft. Da auch diese Einkünfte steuerpflichtig sind, hat H die Tatsache, dass er solche Geschäfte macht, und den Umfang seiner Geschäfte dem FA zu offenbaren.

Das Steuergeheimnis soll die Bereitschaft zur vollständigen Offenlegung der steuerlich relevanten Sachverhalte fördern und dadurch das Steuerverfahren erleichtern, die vollständige Erfassung der Steuerquellen ermöglichen und eine gleichmäßige Besteuerung sicherstellen. Der Bruch des Steuergeheimnisses kann straf-, disziplinar- und zivilrechtliche Folgen haben.

a) Tatbestand des Steuergeheimnisses

(1) Verpflichteter Personenkreis

Zur Wahrung des Steuergeheimnisses verpflichtet sind

- **Amtsträger** gem. § 30 Abs. 1 i. V. m. § 7 AO: Dabei handelt es sich nach § 7 Nr. 1 AO zunächst um **Beamte** und **Richter** nach deutschem Recht, wobei es unbedeutend ist, ob es sich um einen Bundes-, Landes- oder Gemeindebeamten handelt, um einen Beamten auf Lebenszeit, Widerruf oder Probe. Folglich sind z. B. auch Polizeibeamte von § 30 AO erfasst.

  Gemäß § 7 Nr. 2 AO gehören zu den Amtsträgern auch andere Personen in öffentlich-rechtlichen Amtsverhältnissen (z. B. Notare, Minister) und gem. § 7 Nr. 3 AO sonstige mit öffentlichen-rechtlichen Aufgaben betraute Personen wie z. B. **Angestellte** im Festsetzungs- oder Vollstreckungsbereich eines FA. Eine entsprechende Aufgabe liegt allerdings nur vor bei selbständiger Tätigkeit mit **Entscheidungsbefugnis**, sodass rein mechanische Tätigkeiten davon nicht erfasst werden (z. B. Boten und Registraturkräfte, vgl. AEAO zu § 7 Nr. 3).
- dem Amtsträger **gleichgestellte Personen** gem. § 30 Abs. 3 AO: Dazu gehören nach § 30 Abs. 3 Nr. 1 AO die für den öffentlichen Dienst besonders verpflichteten Personen, bei denen es sich nicht um Amtsträger handelt, die aber gem. §§ 1, 2 des Verpflichtungsgesetzes zur Wahrung des Steuergeheimnisses verpflichtet worden sind (Bsp.: Hausmeister, Schreibkräfte, Putzfrauen, vgl. AEAO zu § 30 Nr. 2.3).

  Ferner gehören zu den gleichgestellten Personen Hospitanten bei Gericht, amtlich zugezogene Sachverständige und Amtsträger bestimmter Religionsgemeinschaften (z. B. Pastoren, Vikare und Bischöfe).

(2) Gegenstand des Steuergeheimnisses

Durch § 30 AO sind geschützt

- die Verhältnisse eines anderen oder fremde Betriebs- oder Geschäftsgeheimnisse, wenn sie dem Amtsträger in Ausübung seiner dienstlichen Tätigkeit (vgl. § 30 Abs. 2 Nr. 1 a-c AO) bekannt geworden sind oder
- im automatischen Verfahren gespeicherte Daten.

(a) Verhältnisse eines anderen

Zu den Verhältnissen einer Person gehört alles, was über diese Person bekannt werden kann, d. h. ihre gesamten persönlichen, wirtschaftlichen, rechtlichen, öffentlichen und privaten Umstände wie z. B. Umsatz, Eigentums- und Vermögensverhältnisse, Schulden, Lebensalter, religiöse und politische Einstellung, eheliche und nichteheliche Kinder, Geschäftsbeziehungen sowie **Namen von Anzeigeerstattern**. Es ist insoweit ohne Bedeutung, ob die jeweiligen Umstände und Tatsachen steuerlich bedeutsam sind.

(b) Fremde Betriebs- oder Geschäftsgeheimnisse

Bei Betriebs- oder Geschäftsgeheimnissen handelt es sich um Dinge, die nur einem kleinen Personenkreis bekannt sind, bzgl. derer ein Geheimhaltungswille besteht und die für den Betrieb- oder das Geschäft von Bedeutung sind, z. B. Patente, Kundenlisten, Bezugsquellen oder geplante Investitionen.

(c) Dienstliche Kenntniserlangung

Von den Verhältnissen eines anderen oder den fremden Betriebs- oder Geschäftsgeheimnissen muss der Amtsträger i. S. des § 30 Abs. 2 Nr. 1 Buchst. a bis c AO dienstlich Kenntnis erlangt haben. Alles, wovon er auf anderem Wege Kenntnis erlangt hat, ist nicht durch § 30 AO geschützt.

Beispiel Der Finanzbeamte F erzählt seinem Kollegen K in der Pause von einem Steuerfall, der ihn ganz besonders beschäftigt und nennt dabei auch den Namen des Stpfl. Verstößt K gegen § 30 AO, wenn er abends seiner Frau davon erzählt?

Lösung K gehört zum verpflichteten Personenkreis gem. § 30 Abs. 1 i. V. m. § 7 AO. Er hat seine Kenntnis allerdings nicht auf dienstlichem Wege erlangt, da er für die Bearbeitung des Falles des F nicht zuständig war und es sich bei dem Gespräch mit F somit um ein privates außerhalb des Verwaltungsverfahrens handelte. Folglich verstößt K nicht gegen § 30 AO.

Auf den in § 30 Abs. 2 Nr. 1 Buchst. a bis c AO genannten Wege können auch Amtsträger außerhalb der Finanzbehörde Kenntnis erlangen, sodass auch auf sie § 30 AO anwendbar ist. Die Verpflichtung zur Wahrung des Steuergeheimnisses ist nicht zeitlich begrenzt, so dass auch Pensionäre oder Rentner noch gegen § 30 AO verstoßen können.

(d) Im automatischen Verfahren gespeicherte Daten

Durch § 30 Abs. 2 Nr. 3 AO werden nur im automatischen Verfahren gespeicherte Daten geschützt, nicht hingegen solche in manuell geführten Dateien oder Karteien. Deren Schutz wird ausschließlich durch Nr. 1 und 2 gewährleistet.

(3) Die Verletzung des Steuergeheimnisses

Das Steuergeheimnis kann durch verschiedene Handlungen verletzt werden.

- **Unbefugtes Offenbaren der Verhältnisse eines anderen oder von Geschäfts- oder Berufsgeheimnissen:** Offenbaren ist jedes Verhalten, aufgrund dessen einem anderen geschützte Informationen bekannt werden können. Auf das tatsächliche Bekanntwerden kommt es nicht an und auch ein Offenbarungswille ist nicht erforderlich (siehe Beispiel 1).

  Sind die geschützten Informationen bereits bekannt, so liegt begrifflich kein Offenbaren vor.

  Unbefugt ist das Offenbaren, wenn kein Offenbarungstatbestand eingreift, der die Offenbarung erlaubt (vgl. dazu S. 121 f.).

- **Unbefugtes Verwenden der Verhältnisse eines anderen oder von Geschäfts- oder Berufsgeheimnissen:** Verwerten ist das Ausnutzen der in einem geschützten Verfahren bekannt gewordenen Verhältnisse bzw. von Geschäfts- oder Betriebsgeheimnissen, ohne sie zu offenbaren (siehe Beispiel 2).

  Zu welchen Zwecken die Verwertung geschieht, ist gleichgültig, sodass z. B. keine Gewinnerzielungsabsicht erforderlich ist (siehe Beispiel 3).

  Der Amtsträger oder die gleichgestellte Person verwertet die Kenntnis selbst. Macht er sie einem Dritten für die Verwertung zugänglich, so sind regelmäßig die Voraussetzungen des weiteren Begriffs des Offenbarens gegeben. Ein Verwerten liegt dann nur vor, wenn der Amtsträger die Kenntnis weitergibt, ohne sie in Beziehung zu dem geschützten Betroffenen zu setzen.

- **Unbefugtes Abrufen von im automatischen Verfahren gespeicherten Daten:** Sofern es sich um im automatischen Verfahren gespeicherte Daten handelt, ist keine weitere Verwendung der geschützten Informationen durch Offenbaren oder Verwerten erforderlich, sondern es reicht das bloße Abrufen, also die Kenntnisverschaffung aus, um das Steuergeheimnis zu verletzen. Ein Abrufen kann in jeder Form geschehen, also z. B. durch Wiedergabe auf einem Bildschirm oder durch Ausdruck.

Beispiel 1 Ein Offenbaren liegt z. B. vor, wenn der zuständige Finanzbeamte F am Stammtisch danach gefragt wird, ob der Y dieses Jahr Steuern nachzahlen muss und daraufhin mit dem Kopf nickt. Dasselbe gilt, wenn F die Akten des Stpfl. X offen auf dem Tisch liegen lässt und das Zimmer verlässt, es aber nicht abschließt, sodass ein Dritter (Finanzbeamter oder Bürger) das Zimmer betreten und vom Akteninhalt Kenntnis nehmen kann.

Beispiel 2 Der Betriebsprüfer P erfährt anlässlich einer Außenprüfung von dem noch geheim gehaltenen Plan des von ihm geprüften Unternehmens, demnächst Flächen für die Erweiterung seiner Produktionsstätten zu kaufen. Daraufhin erwirbt er im dafür in Frage kommenden Bereich ein Grundstück und spekuliert auf steigende Preise, wenn die Absicht des Unternehmens allgemein bekannt wird. In diesem Fall hat P die ihm dienstlich bekannt gewordenen Geschäftsgeheimnisse verwertet.

Beispiel 3 Es läge im vorhergehenden Beispiel auch ein „Verwerten“ vor, wenn P durch den Ankauf des Grundstücks die Erweiterung der Produktionsstätten verhindern will.

b) Befugte Offenbarungen

In § 30 Abs. 4 und 5 AO ist die Zulässigkeit der Offenbarung der geschützten Informationen abschließend geregelt. Die Finanzbehörde hat bei Vorliegen der Voraussetzungen von § 30 Abs. 4 und 5 AO das Recht, aber nicht die Pflicht zur Offenbarung (Ausnahme: § 31 AO). Aufgrund der zahlreichen Erlaubnistatbestände (lesen!) soll hier nur auf einige Gesichtspunkte hingewiesen werden:

- Im Falle des § 30 Abs. 4 Nr. 1 AO ist die Offenbarung nur **soweit** zulässig, wie sie für die dort genannten Verfahren erforderlich ist. Bezieht sich also z. B. das Steuerstrafverfahren ausschließlich auf das Jahr 2007, so dürfen nicht geschützte Informationen bzgl. des Jahres 2004 offenbart werden.
- § 30 Abs. 4 Nr. 2 AO ist nur zulässig, wenn die Offenbarung durch die jeweilige gesetzliche Regelung **ausdrücklich** erlaubt ist (vgl. die Aufzählung im AEAO zu § 30 Nr. 5). Folglich reicht z. B. die allgemeine Verpflichtung zu Amtshilfe (Art. 35 Abs. 1 GG) nicht aus.
- Die Zustimmung des Betroffenen i. S. des § 30 Abs. 4 Nr. 3 AO muss eindeutig sein, kann formfrei erfolgen, kann nicht nachträglich gegeben werden und begründet nur das Recht, nicht aber die Pflicht zur Offenbarung.
- Gemäß § 30 Abs. 4 Nr. 4 AO dürfen geschützte Informationen zur Verfolgung einer nichtsteuerlichen Straftat offenbart werden, wenn sie erstmalig in einem steuerlichen Straf- oder Bußgeldverfahren erlangt wurden und – sofern der Stpfl. selbst die Tatsachen offenbarte – ihm die Einleitung dieses Verfahrens bekannt und er entsprechend belehrt war (Nr. 4 a). Sie dürfen hingegen nicht offenbart werden, wenn sie aufgrund von steuerlichen Mitwirkungspflichten erlangt wurden (vgl. Nr. 4 b).

- Da die Aufzählung in § 30 Abs. 4 Nr. 5 AO, wann ein zwingendes öffentliches Interesse für die Offenbarung gegeben ist, nicht abschließend ist, stellt diese Vorschrift die „Achillesferse des Steuergeheimnisses" dar. Ein öffentliches Interesse liegt immer dann vor, wenn bei Unterbleiben der Mitteilung die Gefahr eines **schweren Nachteils für das allgemeine Wohl** eintritt. Zur Auslegung der Buchst. a bis c und die Erstreckung der Vorschrift auf unbenannte Bereiche (Umweltschutz, §§ 330, 330a StGB; Bekämpfung von Geldwäsche und Terrorismus; Gewerbeuntersagung) vgl. AEAO zu § 30 Nr. 8.
- Gemäß § 30 Abs. 5 AO dürfen vorsätzlich falsche Angaben, die **gegenüber der Finanzverwaltung gemacht** werden, **nur gegenüber den Strafverfolgungsbehörden** offenbart werden.

c) Prüfungsschema zu § 30 AO

Aus den vorherigen Ausführungen ergibt sich für die Verletzung des Steuergeheimnisses das folgende Prüfungsschema:

1. Hat eine Person das Steuergeheimnis gem. § 30 Abs. 1 i. V. m. § 7 AO oder gem. § 30 Abs. 3 AO zu wahren?
2. Sind
   a) Verhältnisse eines anderen oder fremde Betriebs- oder Geschäftsgeheimnisse offenbart oder verwertet worden oder
   b) geschützte Daten im automatisierten Verfahren abgerufen worden?
3. Sind
   a) die Verhältnisse eines anderen oder fremde Betriebs- oder Geschäftsgeheimnisse in einem Verfahren nach § 30 Abs. 2 Nr. 1 AO bekannt geworden oder

b) die geschützten Daten in einem Verfahren nach § 30 Abs. 2 Nr. 1 AO in einer Datei gespeichert worden?

4. Sind die Verhältnisse eines anderen unbefugt offenbart worden, fremde Betriebs- oder Geschäftsgeheimnisse unbefugt verwertet worden oder geschützte Daten unbefugt abgefragt worden?

Wird jede der vier Fragen bejaht, so liegt eine Verletzung des Steuergeheimnisses vor; wird auch nur eine verneint, so wurde § 30 AO nicht verletzt.

d) Folgen des Verstoßes gegen § 30 AO

Wird das Steuergeheimnis verletzt, so können sich daraus drei verschiedene Folgen ergeben:

- **Strafrecht:** Die Verletzung des Steuergeheimnisses erfüllt den Tatbestand des § 355 StGB, wenn sie vorsätzlich geschieht, und kann somit mit einer Freiheitsstrafe von bis zu zwei Jahren oder einer Geldstrafe bestraft werden. Die Verfolgung der Straftat erfolgt auf Antrag des Dienstvorgesetzten oder des Verletzten.
- **Disziplinarrecht:** Neben diesen strafrechtlichen können auch disziplinarrechtliche Folgen eintreten.
- **Zivilrecht:** Sofern durch den Verstoß gegen § 30 AO ein Schaden entstanden ist, kann der Stpfl. eventuell auch einen Schadensersatzanspruch gegen den Staat oder den Amtsträger gem. Art. 34 GG i. V. m. § 839 BGB oder gem. § 823 Abs. 2 BGB geltend machen.

7. Die Korrektur von Steuerverwaltungsakten

a) Allgemeines

Ein (Steuer-)Verwaltungsakt wird mit ordnungsgemäßer **Bekanntgabe** wirksam, sodass sowohl die Verwaltung als auch der Bürger von diesem Zeitpunkt an an seinen Inhalt gebunden sind. Es besteht somit ein Spannungsverhältnis zwischen den Grundsätzen der Rechtssicherheit und des Vertrauensschutzes, nach denen wirksam gewordenen VA **Bindungswirkung** zukommt, und dem Grundsatz der Gesetzmäßigkeit des Verwaltungshandelns, der die Veränderbarkeit von VAs erfordert. Dieser Konflikt wird durch die Vorschriften über die Aufhebung oder Änderung von VAs gelöst. Danach bleibt die sog. Bindungswirkung bestehen, solange und soweit nicht eine entsprechende Vorschrift die Korrektur gestattet (vgl. § 124 Abs. 2 AO) oder der Bürger durch einen Einspruch die Überprüfung des VAs einleitet (§ 367 AO; zum Rechtsbehelfsverfahren vgl. S. 157 f.).

Die einzelnen Korrekturvorschriften sind im Hinblick auf ihren Anwendungsbereich zu unterscheiden:

- **Korrekturvorschrift für alle Steuer-VA:** § 129 AO ermöglicht die Berichtigung aller Steuer-VA, wenn sie offenbar unrichtig sind.
- **Korrekturvorschriften für „sonstige Steuer-VA“:** Die §§ 130, 131 AO gelten für solche Steuer-VA, die keine Steuerbescheide und diesen auch nicht gleichgestellt sind (vgl. § 172 Abs. 1 Nr. 2d AO). Diese „sonstigen Steuer-VA“ können gem. § 130 AO zurückgenommen werden, wenn sie rechtswidrig sind, und gem. § 131 AO widerrufen werden, wenn sie rechtmäßig sind. Dabei unterscheiden beide Vorschriften danach, ob der jeweilige VA für den Stpfl. begünstigend oder belastend ist.

- **Korrekturvorschriften für Steuerbescheide und ihnen gleichgestellte Bescheide:** Die §§ 164, 165 und 172 bis 176 AO gelten ausschließlich für Steuerbescheide und solche Bescheide, die ihnen gesetzlich gleichgestellt sind (Bsp.: §§ 181 Abs. 1 Satz 1, 168 Satz 1 AO). Zu diesen Vorschriften gehört auch § 177 AO, obwohl es sich dabei nicht um eine eigenständige Korrekturvorschrift handelt, sondern diese Norm lediglich die „Mitberichtigung" von materiellen Fehlern anlässlich einer anderweitigen Korrektur zulässt.

b) Berichtigung offenbarer Unrichtigkeiten, § 129 AO

Im Falle von offenbaren und somit für die Beteiligten erkennbaren Unrichtigkeiten ist im Hinblick auf diese Fehler ein Vertrauensschutz nicht gerechtfertigt. Gemäß § 129 AO kann die Finanzbehörde deshalb im Wege der pflichtgemäßen **Ermessensausübung** offensichtliche materielle (inhaltliche) Fehler jedes Steuer-VA berichtigen. Eine Aufhebung des gesamten VA ist hingegen gem. § 129 AO nicht möglich, sodass die in der Sache getroffene Entscheidung bestehen bleibt.

(1) Tatbestandliche Voraussetzungen

- Es muss zunächst ein Schreibfehler, ein Rechenfehler oder eine ähnliche Unrichtigkeit vorliegen. Es handelt sich hierbei um **rein mechanische Fehler** wie z. B. Ablesefehler, Übertragungsfehler, Fehler bei den Grundrechenarten oder der Prozentrechnung. Handelt es sich hingegen bei dem Fehler um eine fehlerhafte Rechtsanwendung oder einen Fehler bei der Sachverhaltsermittlung, so ist § 129 AO nicht anwendbar. Vereinfacht lässt sich sagen, dass § 129

AO keine Fehler bei der Willenbildung erfasst, sondern nur Fehler bei der Äußerung des gefassten Willens.
Dementsprechend ist § 129 AO nur anwendbar, wenn eine fehlerhafte rechtliche Würdigung als Ursache des Fehlers mit an Sicherheit grenzender Wahrscheinlichkeit ausgeschlossen werden kann.

- Die Unrichtigkeit des VA muss **offenbar** sein, d. h. sie muss für den Stpfl. oder einen verständigen Dritten ohne Weiteres erkennbar sein. Ein solches „auf der Hand liegendes" mechanisches Versehen muss sich aus dem VA selbst oder aus den Akten des FA ergeben, sodass ein Fehler immer offenkundig i. S. des § 129 AO ist, wenn es sich um einen Schreib- oder Rechenfehler handelt oder der Bescheid von der in der Akte dokumentierten Entscheidung abweicht (vgl. AEAO zu § 124 Nr. 2). Eine offenbare Unrichtigkeit liegt auch vor, wenn das FA bei Erlass eines Steuerbescheides einen bereits vorliegenden Grundlagenbescheid versehentlich nicht beachtet.
- Die offenbare Unrichtigkeit muss **beim Erlass eines VA unterlaufen** sein, d. h. es muss sich um einen Fehler der Finanzbehörde handeln. Ob dieser beim Bearbeiten der Erklärung, bei der Dateneingabe oder bei der Erstellung des Steuerbescheides zustande kommt, ist gleichgültig. Begeht hingegen der Stpfl. einen mechanischen Fehler, so ist § 129 AO nicht anwendbar, da es sich nicht um einen Fehler „beim Erlass eines VA" handelt. Ein Sonderfall liegt hingegen vor, wenn zwar der Stpfl. einen mechanischen Fehler begeht, dieser aber aus den dem FA vorgelegten Unterlagen erkennbar ist und ihn das FA trotzdem übernimmt. In diesem Fall hat das FA den Fehler des Stpfl. zu seinem eigenen gemacht und § 129 AO ist anwendbar.

(2) Rechtsfolgen

§ 129 AO erlaubt nur die punktuelle Berichtigung der offenbaren Unrichtigkeit. Sie kann von Amts wegen oder auf Antrag des Stpfl. erfolgen und liegt im Ermessen der Finanzbehörde. Ein Anspruch des Stpfl. auf Berichtigung besteht nur, wenn er ein berechtigtes Interesse an der Änderung hat (§ 129 Satz 2 AO). Dies liegt immer vor, wenn das Unterlassen der Berichtigung für den Stpfl. nachteilig wäre.

(3) Zeitliche Grenzen der Berichtigung

Nach dem Wortlaut kann eine Änderung nach § 129 AO jederzeit erfolgen. Bei Steuerbescheiden und ihnen gleichgestellten Bescheiden gilt dies jedoch nur bis zum Ablauf der Festsetzungsfrist gem. § 169 Abs. 1 Satz 2 AO, wobei § 171 Abs. 2 AO zu beachten ist.

c) Rücknahme und Widerruf von „sonstigen Steuerveraltungsakt"

„Sonstige Steuer-VA" sind die steuerlichen VA, bei denen es sich weder um Steuerbescheide noch um diesen gesetzlich gleichgestellte Bescheide handelt.

Beispiele ► Vorladung des Stpfl. zur Auskunftserteilung (§ 93 Abs. 5 AO); Festsetzung eines Verspätungszuschlages (§ 152 Abs. 1 AO); Haftungsbescheid (§ 191 AO); Prüfungsanordnung (§ 193 AO); Gewährung oder Ablehnung einer Stundung (§ 222 AO); Sachpfändung (§§ 281, 286 Abs. 2 AO); Androhung von Zwangsmitteln (§ 332 AO); vgl. auch AEAO vor §§ 130, 131.

Diese VA können gem. § 130 AO zurückgenommen werden, wenn sie fehlerhaft sind bzw. nach § 131 AO widerrufen werden, wenn sie fehlerfrei sind. Dies kann allerdings nicht zeitlich unbegrenzt, sondern nur innerhalb eines Jahres erfolgen (vgl. §§ 130 Abs. 3, 131 Abs. 2 Satz 2 AO).

(1) Rücknahme rechtswidriger Verwaltungsakte, § 130 AO

Ein VA kann aus formellen Gründen rechtswidrig sein, wenn er verfahrensrechtlich nicht ordnungsgemäß zustande gekommen ist, oder aus materiellen Gründen, wenn er inhaltlich dem geltenden Recht widerspricht. Materiell rechtswidrig ist ein VA auch dann, wenn ein Fehler bei der Sachverhaltsermittlung unterlaufen ist oder das Ermessen nicht gem. § 5 AO ausgeübt wurde.

§ 130 AO unterscheidet zwischen der Rücknahme von aus der Sicht des Stpfl. belastenden (Bsp.: Verspätungszuschlag, Zwangsgeld, Haftungsbescheid, Prüfungsanordnung) und begünstigenden (Bsp.: Erlass, Stundung, Aussetzung der Vollziehung) VA:

- **Rücknahme belastender VA:** Im Gegensatz zu rechtswidrigen begünstigenden VA, die gem. § 130 Abs. 2 AO nur unter besonderen Voraussetzungen zurückgenommen werden dürfen, ist die Rücknahme von belastenden VA gem. § 130 Abs. 1 AO uneingeschränkt möglich. Die Rücknahme des rechtswidrigen VA steht im Ermessen der Finanzbehörde und kann auch nur auf einen Teil des VA bezogen sein.
  Die **Prüfungsreihenfolge** gestaltet sich bei einem fehlerhaften VA wie folgt: Ist er nichtig gem. § 125 AO? Kommt eine Berichtigung nach § 129 AO in Frage? Besteht eine Heilungsmöglichkeit (§§ 126, 127 AO)? Kann er gem. § 128

umgedeutet werden? Erst danach ist die Rücknahme zu prüfen.

- **Rücknahme begünstigender VA:** Im Falle eines begünstigenden VA hat der Stpfl. eine Rechtsposition bekommen, auf die er vertrauen kann. Auch wenn der VA rechtswidrig ist, ist diese Position generell schutzwürdig. Liegen jedoch die Voraussetzungen des § 130 Abs. 2 Nr. 1 bis 4 AO vor, ist dieses Vertrauen nicht geschützt, sodass der VA dann ganz oder teilweise, mit Wirkung für die Zukunft oder die Vergangenheit zurückgenommen werden kann, was für den Stpfl. nachteilig ist.
  Dabei muss sich der durch den VA Begünstigte in den Fällen des § 130 Abs. 2 Nr. 2 und 3 AO auch falsche Angaben seines Vertreters oder Erfüllungsgehilfen zurechnen lassen. Im Gegensatz zu Nr. 2 müssen bei Nr. 3 die Angaben nicht bewusst unzutreffend gemacht werden.
  Eine Rücknahme ist ferner auch möglich, wenn einer der Fälle des § 131 Abs. 2 Nr. 1 bis 3 AO vorliegt. Dies ist zwar gesetzlich nicht so geregelt, ergibt sich aber aus folgendem Gedanken: Wenn es unter diesen Voraussetzungen sogar zulässig ist, einen rechtmäßigen VA zu widerrufen, dann muss es erst recht möglich sein, einen rechtswidrigen VA unter diesen Bedingungen zurückzunehmen. Eine darauf gestützte Rücknahme ist allerdings – entsprechend der Regelung in § 131 Abs. 2 AO – nur mit Wirkung für die Zukunft zulässig.
  Ferner besteht auch ohne die Erfüllung der tatbestandlichen Voraussetzungen der §§ 130, 131 AO die Möglichkeit zur Rücknahme eines begünstigenden VA, wenn der Stpfl. zustimmt.

§ 130 AO regelt allerdings nur die Rücknahme eines rechtswidrigen VA. Dadurch ist nicht die Frage geklärt, ob in diesem

Rahmen eine **„Verböserung“** dadurch möglich ist, dass die Finanzbehörde einen neuen VA anstelle des alten erlassen darf, der den Stpfl. stärker belastet oder weniger begünstigt. Insoweit ergibt sich aus dem Gedanken des Vertrauensschutzes, dass dies nur dann zulässig ist, wenn der Stpfl. nicht auf den Bestand des rechtswidrigen VA vertrauen durfte. Folglich kommt eine Schlechterstellung nur in den obigen Fällen der Rücknahme eines belastenden VA in Frage.

(2) Widerruf rechtmäßiger Verwaltungsakte, § 131 AO

Gemäß § 131 AO ist der Widerruf rechtmäßiger VAs zulässig. Im Gegensatz zu § 130 AO ist nur eine Änderung der Rechtslage mit Wirkung **für die Zukunft** möglich, weil davon auszugehen ist, dass die getroffene (rechtmäßige) Regelung im Zeitpunkt ihres Erlasses sachgerecht war, sie jedoch für die Zukunft aufgrund einer Änderung der Verhältnisse keinen Bestand mehr haben soll. Folglich kommt § 131 AO die größte Bedeutung bei sog. **Dauersachverhalten** zu.

Auch im Rahmen des § 131 AO ist zu unterscheiden zwischen belastenden und begünstigenden VAs:

- **Widerruf belastender VA:** § 131 Abs. 1 AO regelt den Widerruf von rechtmäßigen belastenden VA, der nur in Frage kommt, wenn nicht ein VA mit gleichem Inhalt erlassen werden müsste. Da es sich aber um einen Widerruf eines rechtmäßigen VA mit Wirkung für die Zukunft handelt, ist der Anwendungsbereich in der Praxis gering (siehe Beispiel).
- **Widerruf begünstigender VA:** Im Falle von rechtmäßigen begünstigenden VA genießt das Vertrauen des Stpfl. einen besonders weitgehenden Schutz. Folglich kann der VA nur in den abschließend in § 131 Abs. 2 AO geregelten Fällen

oder mit Zustimmung des Begünstigten ganz oder teilweise mit Wirkung für die Zukunft widerrufen werden und dadurch eine für den Stpfl. nachteilige Rechtslage herbeigeführt werden.

Beispiel ▶ Gegen den H wurde ein rechtmäßiger Haftungsbescheid erlassen. Der Steuerschuldner bezahlt die Steuer vor der Entrichtung der Haftungsschuld. Folglich besteht die Möglichkeit, den Haftungsbescheid nach § 131 Abs. 1 AO zu widerrufen.

d) Aufhebung oder Änderung gem. § 172 AO

Die Ausgangsnorm für die Aufhebung oder Änderungen von Steuerbescheiden und gleichgestellten Bescheiden ist § 172 AO. Danach dürfen sie nur aufgehoben oder geändert werden, wenn dies durch eine Bestimmung der AO oder eines Einzelsteuergesetzes ausdrücklich zugelassen ist, wobei §§ 130, 131 AO keine Anwendung finden (vgl. § 172 Abs. 1 AO).

- Steuerbescheide und gleichgestellte Bescheide (z. B. Feststellungsbescheide), die unter dem Vorbehalt der Nachprüfung (vgl. S. 109 f.) oder vorläufig (vgl. S. 111 f.) ergehen, können bereits aufgrund dieser Regelungen aufgehoben oder geändert werden.
- Andere Steuerbescheide und gleichgestellte Bescheide können unter den Voraussetzungen des § 172 Abs. 1 Satz 1 Nr. 1 und 2 Buchst. a bis c AO aufgehoben oder geändert werden.
- Darüber hinaus können gem. § 172 Abs. 1 Satz 1 Nr. 2 Buchst. d AO derartige Bescheide aufgehoben oder geändert werden, sofern dies andere Vorschriften in der AO (z. B. §§ 129, 173 bis 175 AO) oder in den Einzelsteuergesetzen (z. B. §§ 10d Abs. 1 Satz 5 EStG, 22 bis 24 BewG) zulassen.

Eine Änderung kommt gem. § 156 AO i. V. m. der **Kleinbetragsverordnung** erst bei einer Auswirkung von mindestens 10 € in Frage.

Kommt es zu einer Korrektur, so entfaltet der ursprüngliche VA keine Wirkung mehr, solange der korrigierende VA besteht. Bildlich gesprochen **„ummantelt“** er den ursprünglichen VA, sodass letzterer nicht mehr nach außen wirken kann. Eine Änderung nach § 172 AO ist allerdings nur zulässig, sofern die Festsetzungsverjährung noch nicht eingetreten ist.

§ 172 Abs. 1 AO enthält mehrere Änderungstatbestände:

(1) § 172 Abs. 1 Satz 1 Nr. 1 AO

Sofern der Steuerbescheid oder gleichgestellte Bescheid **Verbrauchssteuern** (vgl. S. 26) betrifft, ist die Änderung oder Aufhebung uneingeschränkt möglich. Dies hat seinen Grund darin, dass aufgrund der häufig pauschalen Ermittlung unter Zeitdruck in diesem Bereich ein erhöhter Korrekturbedarf besteht. Das „Gegenstück“ dazu ist jedoch die gem. § 169 Abs. 2 Nr. 1 AO erheblich früher eintretende Festsetzungsverjährung.

(2) § 172 Abs. 1 Satz 1 Nr. 2a AO

Die sog. **„schlichte Änderung“** nach der Nr. 2a hat den größten Anwendungsbereich im Rahmen des § 172 AO.

Tatbestandliche Voraussetzungen sind

- das Vorliegen eines **Antrags** (= Aufhebungs- oder Änderungsbegehren) oder einer **Zustimmung** (= Einverständnis) des Stpfl. Beides kann formlos erfolgen, aber ein Ände-

rungsantrag muss erkennen lassen, inwieweit der Bescheid fehlerhaft sein soll, da ein Antrag auf schlichte Änderung – im Gegensatz zum Einspruch – nur zur punktuellen Überprüfung des Bescheides führt.
Die Zustimmung kann auch nach der Änderung erklärt werden. Kann der Änderungsbescheid nur gegenüber mehreren Personen einheitlich ergehen (§ 179 Abs. 2 Satz 2 AO), so ist für die Aufhebung oder Änderung der Antrag bzw. die Zustimmung aller Betroffenen erforderlich.

- Sofern die schlichte Änderung **zugunsten des Stpfl.** erfolgt, muss der **genau bestimmte Antrag** bzw. die Zustimmung **vor Ende der Einspruchs- bzw. der Klagefrist** erfolgen. Die Begründung des Antrags kann nach Fristablauf nachgeholt, ergänzt oder ausgetauscht werden, jedoch kann der Antrag nicht mehr erweitert werden.
- Wirkt die schlichte Änderung **zuungunsten des Stpfl.** so ist eine Änderung auch nach Ablauf der Einspruchsfrist möglich, Antrag oder Zustimmung müssen aber **vor Eintritt der Festsetzungsverjährung** erfolgen.
  Für die Beurteilung, ob die Änderung zugunsten oder zuungunsten erfolgt, ist nur der jeweilige Bescheid maßgeblich und nicht eine Gesamtbetrachtung.

Beispiel Der Stpfl. R erklärt Einnahmen aus selbständiger Arbeit zutreffend für das Jahr 2006. Die Finanzbehörde streicht sie fälschlicherweise, weil sie der Ansicht ist, sie gehören in das Jahr 2007, in dem der R sowieso insgesamt ein höheres zu versteuerndes Einkommen hat. Kann R noch nach Ablauf der Rechtsbehelfsfrist den Ansatz der Einnahmen in 2006 beantragen?

Lösung Ein entsprechender Antrag nach Ablauf der Rechtsbehelfsfrist ist nur möglich, wenn es sich um eine

Änderung zuungunsten des R handelt. Dies ist der Fall, da sich durch die Änderung für 2006 eine höhere Steuer ergibt und somit eine Änderung zuungunsten des R. Dass es insgesamt für R günstiger ist, die Einnahmen in 2006 als in 2007 zu versteuern, ist unerheblich.

Folglich kann R den Antrag auch noch nach Ablauf der Rechtsbehelfsfrist stellen.

Wendet sich der Stpfl. innerhalb der Einspruchsfrist gegen einen Steuerbescheid, so kann es problematisch sein festzustellen, ob es sich um einen Antrag auf schlichte Änderung oder um einen **Einspruch** handelt. Diese Unterscheidung ist von Bedeutung, da die Überprüfung des Bescheides beim Antrag auf schlichte Änderung nur punktuell erfolgt, bei einem Einspruch hingegen in vollem Umfang (§ 367 Abs. 2 AO). Ferner kann ein Einspruch – im Gegensatz zum Antrag auf schlichte Änderung – auch noch nach Ablauf der Einspruchsfrist ergänzt werden und bei einem Antrag auf schlichte Änderung kann – im Gegensatz zum Einspruch – keine Aussetzung der Vollziehung gewährt werden, § 361 Abs. 2 AO. Folglich ist ein Einspruch jedoch umfassender und wirkungsvoller als ein Antrag auf schlichte Änderung, sodass nach dem **Meistbegünstigungsprinzip** (§ 133 BGB analog) nicht eindeutig bezeichnete Anträge als Einspruch auszulegen sind. Dass bei einem Einspruch im Gegensatz zur schlichten Änderung eine Verböserung möglich ist, führt nicht zu einer anderen Beurteilung, da eine solche Entscheidung beim Einspruch zunächst angedroht werden muss (vgl. S. 161 f.).

Die schlichte Änderung eines Bescheides ist aber auch noch im Einspruchsverfahren möglich (§ 132 AO) und der Einspruch enthält auch i. d. R. einen diesbezüglichen Antrag. Kommt es zu einem solchen Änderungsbescheid (sog. **Abhilfe- bzw. Teilabhilfebescheid**), so erübrigt sich eine förmliche Einspruchsentscheidung (§ 367 Abs. 2 Satz 3 AO).

(3) § 172 Abs. 1 Satz 1 Nr. 2b AO

Diese Vorschrift hat nahezu keine praktische Bedeutung, da von einer sachlich nicht zuständigen Behörde erlassene Bescheide in aller Regel gem. § 125 Abs. 1 AO nichtig sind.

(4) § 172 Abs. 1 Satz 1 Nr. 2c AO

Liegt eine **arglistige Täuschung** vor, handelt es sich i. d. R. um eine Steuerhinterziehung, sodass auch eine Korrektur nach § 173 AO (vgl. S. 137 ff.) möglich ist. Etwas anderes gilt jedoch, wenn der Stpfl. in seiner Erklärung Sachverhalte zwar vollständig angegeben, aber bewusst unklar gestaltet hat, damit sie bei der Veranlagung im Massengeschäft übersehen werden.

Typischerweise kommt es in den von den Varianten 2 und 3 dieser Norm erfassten Fällen zu einer falschen Festsetzung mit dem Wissen des Amtsträgers.

Die Aufzählung der **„unlauteren Mittel“** in Nr. 2c ist nicht abschließend und sie müssen auch nicht vom Stpfl. selbst eingesetzt werden.

Beispiel Die gutaussehende Stpfl. S wird vom sie bewundernden Finanzbeamten F veranlagt. F manipuliert die Erklärung der S, sodass sie eine Erstattung erhält.

In diesem Fall kann das FA den Bescheid nach Nr. 2c aufheben (und die Erstattung nach § 37 Abs. 2 AO zurückfordern), da der Erstattungsbescheid durch eine Manipulation (= unlautere Mittel) des F herbeigeführt wurde. Dass S daran keinen Anteil hatte, führt zu keiner anderen Beurteilung.

e) Aufhebung oder Änderung wegen neuer Tatsachen oder Beweismittel, § 173 AO

§ 173 AO eröffnet die Möglichkeit zur Durchbrechung der materiellen Bestandskraft soweit steuerlich relevante Tatsachen oder Beweismittel nachträglich bekannt werden. Durch diese Regelung wird die Bestandskraft abgewogen gegen die vollständige Sachverhaltsaufklärung und den Verstoß gegen die Mitwirkungspflicht des Stpfl. Dementsprechend ist § 173 AO aber auch nur anwendbar bei bestandskräftigen Steuer- oder gleichgestellten Bescheiden. Bei Bescheiden nach §§ 164, 165 AO ist § 173 AO nicht anwendbar.

Strukturell sind in § 173 AO vier Regelungen zu unterscheiden:

- **§ 173 Abs. 1 Nr. 1 AO:** Änderung wegen nachträglich bekannt gewordener Tatsachen, die zu einer höheren Steuer führen.
- **§ 173 Abs. 1 Nr. 2 Satz 1 AO:** Änderung wegen nachträglich bekannt gewordener Tatsachen oder Beweismittel, die nicht grob fahrlässig verspätet vorgetragen wurden und zu einer niedrigeren Steuer führen.
- **§ 173 Abs. 1 Nr. 2 Satz 2 AO:** Steuerminderung trotz verschuldet verspätetem Vorbringens wegen Sachzusammenhangs mit einer Steuererhöhung gem. § 173 Abs. 1 Nr. 1 AO.

- **§ 173 Abs. 2 AO:** Eingeschränkte Änderbarkeit nach einer Außenprüfung.

(1) Die Tatbestandsvoraussetzungen des § 173 AO

(a) Tatsachen oder Beweismittel

Tatsache i. S. des § 173 AO ist alles, was im Rahmen eines gesetzlichen Steuertatbestandes von Bedeutung sein kann, d. h. Lebenssachverhalte wie tatsächliche Zustände, Vorgänge, Beziehungen, Eigenschaften materieller oder immaterieller Art. Schlussfolgerungen oder Rechtsfolgen gehören jedoch nicht dazu.

Beispiel ► Tatsachen sind der Familienstand und das Lebensalter ebenso wie Lage, Größe und Bebaubarkeit eines Grundstücks, nicht hingegen der Wert des Grundstücks, da es sich dabei um eine Schlussfolgerung aus verschiedenen wirtschaftlichen und rechtlichen Überlegungen handelt. Es ist auch eine Tatsache, dass Ehegatten nicht an einem Ort wohnen. Ob sie hingegen „dauernd getrennt leben" i. S. des § 26 EStG ist eine rechtliche Wertung und somit als Schlussfolgerung keine Tatsache i. S. des § 173. Auch das Schätzungsergebnis als solches ist keine Tatsache, sondern nur die Schätzungsgrundlagen.

Beweismittel sind zum Beweis des Vorliegens oder Nichtvorliegens einer Tatsache geeignete Erkenntnismittel. Dabei handelt es sich insb. um Gegenstände, die in Augenschein genommen werden können.

Beispiel ► Einnahme-Quittungen, Verträge, Auskünfte von Auskunftspersonen; kein Beweismittel ist hingegen z. B. eine OFD-Verfügung oder ein Gerichtsurteil, da sie das

Ergebnis einer rechtlichen Schlussfolgerung darstellen und keinen Beweis für eine Tatsache erbringen.

Die maßgebliche Tatsache muss bereits bei Erlass des zu ändernden Bescheides vorgelegen haben, sodass sie vom FA hätte berücksichtigt werden können. Entstehen Tatsachen erst nach der Steuerfestsetzung, so sind sie für § 173 AO nicht relevant, sie können lediglich nach § 175 Abs. 1 Satz 1 Nr. 2 AO (vgl. S. 149 ff.) berücksichtigt werden.

(b) Nachträgliches Bekanntwerden

Tatsachen oder Beweismittel werden nachträglich bekannt, wenn der für die Steuerfestsetzung zuständige Beamte erst von ihnen **positiv Kenntnis erlangt**, nachdem er die Willensbildung über die Steuerfestsetzung in Form der abschließenden Zeichnung bzw. des Befehls an den Rechner zur Verarbeitung und Bescheiderstellung abgeschlossen hat. Der Tag der Absendung oder der Bekanntgabe des Bescheides ist insoweit unerheblich.

Die **zuständigen Beamten** sind die für den konkreten Fall zuständigen Veranlagungssachbearbeiter und ihre Vorgesetzten (Sachgebietsleiter, Vorsteher des FA). Bekannt i. S. des § 173 AO sind auch diejenigen Tatsachen und Beweismittel, die sich aus den vorliegenden Akten ergeben. Für archivierte Akten gilt dies jedoch nur, wenn bei der Veranlagungstätigkeit Anlass für ihre Hinzuziehung bestand. Kenntnisse anderer Stellen im FA werden der Veranlagungsdienststelle grundsätzlich nicht zugerechnet; eine Ausnahme gilt insoweit nur für das Verhältnis zur **Rechtsbehelfsstelle** als sog. „verlängerte Veranlagungsdienststelle“.

(2) Unterscheidung nach der steuerlichen Auswirkung
Im Rahmen des § 173 AO erfolgt keine Gesamtaufrollung des Falls, sondern nur eine punktuelle Berichtigung. Folglich findet grundsätzlich auch **keine Saldierung** statt, wenn mehrere neue Tatsachen zugunsten und zuungunsten des Stpfl. wirken.

Beispiel Nachträglich wird bekannt, dass der Stpfl. ohne eigenes Verschulden eine Betriebseinnahme i. H. von 9 000 € und eine Betriebsausgabe i. H. von 7 500 € nicht verbucht hat. Es kommt nicht etwa zu einer Änderung nach § 173 Abs. 1 Nr. 1 AO wegen des Saldos i. H. von ./. 1 500 €, sondern die Änderung erfolgt nach § 173 Abs. 1 Nr. 1 und 2 AO wegen der 9 000 € (Nr. 1) und der 7 500 € (Nr. 2).

(a) § 173 Abs. 1 Nr. 1 AO
Eine Änderung zuungunsten des Stpfl. ist von Amts wegen vorzunehmen, soweit die neuen Tatsachen oder Beweismittel reichen. Waren die entsprechenden Tatsachen bereits bekannt, so kommt eine Berichtigung gem. § 177 AO in Frage. Eine Änderung zuungunsten des Stpfl. ist allerdings nach dem **Grundsatz von Treu und Glauben** ausgeschlossen, wenn der Stpfl. im Verfahren seine Mitwirkungspflichten in zumutbarer Weise erfüllt hat, das (erst) nachträgliche Bekanntwerden aber auf eine Verletzung der dem FA obliegenden Ermittlungspflichten zurückzuführen ist. Dasselbe gilt, wenn sowohl FA als auch Stpfl. ihren Pflichten im Ermittlungsverfahren nicht voll nachgekommen sind und der Verstoß des FA deutlich überwiegt.

(b) § 173 Abs. 1 Nr. 2 Satz 1 AO
Zugunsten des Stpfl. ist eine Änderung von Amts wegen vorzunehmen, wenn diesen kein grobes Verschulden am (ver-

späteten) Bekanntwerden der neuen Tatsachen oder Beweismittel trifft.

Als **grobes Verschulden** hat der Stpfl. Vorsatz und grobe Fahrlässigkeit zu vertreten. Grobe Fahrlässigkeit ist zu bejahen, wenn er die ihm nach seinen persönlichen Verhältnissen zumutbare Sorgfalt in ungewöhnlichem Maße und in nicht entschuldbarer Weise verletzt, d. h. wenn er verkannt hat, was ihm in jedem Fall hätte klar sein müssen.

Beispiel Der Stpfl. beachtet eine im Steuererklärungsformular gestellte Frage nicht; der Stpfl. unterlässt es grundlos, dem FA steuermindernde Tatsachen mitzuteilen; der Stpfl. versäumt ohne hinreichenden Grund die Abgabefrist der Steuererklärung und lässt es zum Erlass eines Schätzungsbescheides kommen; der Stpfl. sieht die von seinem Steuerberater gefertigte Erklärung nicht durch, der enthaltene Fehler hätte ihm aber ohne weiteres auffallen müssen.

Zusammen veranlagte Ehegatten müssen sich jeweils das grobe Verschulden des anderen zurechnen lassen, da sie insoweit Gesamtschuldner sind. Auch muss sich der Stpfl. das Verschulden von Erfüllungsgehilfen und Vertretern zurechnen lassen.

Scheitert eine Korrektur wegen des groben Verschuldens, so kommt ggf. eine Mitsaldierung dieses materiellen Fehlers nach § 177 Abs. 2 und 3 AO in Frage.

(c) § 173 Abs. 1 Nr. 2 Satz 2 AO

Auch wenn ein grobes Verschulden am nachträglichen Bekanntwerden vorliegt, ist ein Steuerbescheid zu ändern, wenn ein unmittelbarer oder mittelbarer Zusammenhang zwischen der Änderung aufgrund steuermindernder Tatsachen und solchen Tatsachen besteht, die zu einer höheren Steuer führen.

Folglich sind bei einer Änderung nach § 173 Abs. 1 Nr. 1 AO auch steuermindernde Tatsachen zu berücksichtigen, wobei es allerdings nicht zu einer Saldierung kommt (vgl. S. 140). Umstritten ist allerdings, wann ein **Zusammenhang** i. S. des § 173 Abs. 1 Nr. 2 Satz 2 AO gegeben ist. Von der Rechtsprechung und h. M. wird dieser Begriff restriktiv ausgelegt, sodass danach eine ursächliche Verknüpfung der Ereignisse erforderlich ist.

Beispiel Nachträglich wird bekannt, dass sowohl Kosten für den Einkauf von Waren als auch steuerpflichtige Umsätze steuerlich nicht berücksichtigt wurden. Besteht insoweit ein Zusammenhang im obigen Sinne?

Lösung Die M. M. würde einen solchen Zusammenhang bejahen, da Betriebseinnahmen und Betriebsausgaben im Rahmen eines Betriebes angefallen sind. Der Rechtsprechung und h. M. würde dies jedoch nicht ausreichen. Sie fordert, dass sich die Tatsachen gegenseitig bedingen, d. h. dass die steuermindernde nicht ohne die steuererhöhende Tatsache denkbar ist. Dies ist im Beispiel nur gegeben, wenn die steuerpflichtigen Umsätze nur getätigt werden konnten, weil gerade diese Einkaufskosten entstanden sind.

(3) Erhöhte Bindungswirkung nach einer Außenprüfung, § 173 Abs. 2 AO

Beruht der zu ändernde Bescheid auf einer Außenprüfung, so genießt er einen erhöhten Bestandsschutz. Nach einer **Außenprüfung i. S. der §§ 193 bis 203 AO**, in deren Verlauf die Finanzbehörde die Möglichkeit hatte, den Fall umfassend zu prüfen, darf der Stpfl. darauf vertrauen, dass das FA in erhöhtem Maße gebunden ist. Dies gilt allerdings nicht, wenn die Finanzbehörde vorsätzlich oder grob fahrlässig getäuscht wurde (§§ 370, 378 AO), wodurch das Ergebnis der Außenprüfung unzutreffend war. Insoweit ist es gleichgültig, ob der Stpfl. selbst oder ein Dritter Täter der Täuschung und damit kausal für die Steuerverkürzung war.

Da die Außenprüfung das Vertrauen auf den erhöhten Bestandsschutz begründet, kann dieses Vertrauen auch nur soweit entstehen, wie die jeweilige **Prüfungsanordnung** reicht. Ist die Außenprüfung z. B. auf bestimmte Steuerarten, Besteuerungszeiträume oder Sachverhalte beschränkt (§ 194 Abs. 1 Satz 2 AO), erstreckt sich die Änderungssperre auch nur auf die genannten Teile der Besteuerungsgrundlagen.

f) Änderung wegen widerstreitender Steuerfestsetzungen, § 174 AO

Durch § 174 AO soll verhindert werden, dass derselbe steuererhebliche Sachverhalt mehrfach (sog. „positiver Widerstreit" gem. § 174 Abs. 1 und 2 AO) oder gar nicht (sog. „negativer Widerstreit" gem. § 174 Abs. 3 und 4 AO) besteuert wird. Dazu regelt § 174 AO Korrekturmöglichkeiten für bestandskräftige Steuerbescheide, die einander widersprechen, weil nur eine der festgesetzten Rechtsfolgen zutreffend sein kann.

§ 174 AO lässt sich wie folgt strukturieren:

- § 174 Abs. 1 AO: Mehrfache Besteuerung eines bestimmten Sachverhalts zuungunsten eines oder mehrerer Stpfl.
- § 174 Abs. 2 AO: Mehrfache Besteuerung eines bestimmten Sachverhalts zugunsten eines oder mehrerer Stpfl.
- § 174 Abs. 3 AO: Irrtümliche Nichtbesteuerung eines Sachverhalts.
- § 174 Abs. 4 AO: Folgeänderung nach der Aufhebung oder Änderung von Steuerbescheiden aufgrund eines Antrags oder Rechtsbehelfs.
- § 174 Abs. 5 AO: Änderung nach § 174 Abs. 4 AO ggü. einem Dritten nach erfolgter Hinzuziehung oder Beiladung.

(1) Positiver Widerstreit

Im Falle eines positiven Widerstreits ist eine Korrektur gem. § 174 Abs. 1 Satz 2 AO auch noch möglich, wenn die Festsetzungsfrist bereits abgelaufen ist.

(a) Tatbestandliche Voraussetzungen

Ein Sachverhalt, der zutreffend nur einmal erfasst werden dürfte, muss mehrfach berücksichtigt worden sein. Insoweit muss ein **zwingendes, wechselseitiges Ausschließlichkeitsverhältnis** vorliegen.

Beispiele Die gleiche Einnahme ist im ESt-Bescheid 2006 und im ESt-Bescheid 2007 besteuert worden (sog. Periodenkollision). Eine Einnahme wird im ESt- und im Schenkungssteuerbescheid erfasst (sog. Objektkollision). Eine Einnahme wird in den Steuerbescheiden von A und B jeweils vollständig erfasst (sog. Subjektkollision). Ein Stpfl. wird von zwei unterschiedlichen Finanzämtern für das gleiche Jahr zur ESt veranlagt (sog. Zuständigkeitskollision).

Die Mehrfachberücksichtigung muss **in mehreren Bescheiden** erfolgt sein, d. h. die Bescheide müssen sich auf verschiedene Zeiträume, Steuerpflichtige oder Steuerarten beziehen oder von verschiedenen Finanzämtern erlassen worden sein. Diese Mehrfachberücksichtigung kann **bewusst oder irrtümlich** erfolgt sein.

(b) Unterscheidung nach der steuerlichen Auswirkung

Erfolgte eine mehrfache Berücksichtigung eines Sachverhalts **zuungunsten des Stpfl.**, so erfolgt die Aufhebung oder Änderung gem. § 174 Abs. 1 AO **auf Antrag des Stpfl.** (vgl. AEAO zu § 174 Nr. 2). Der Antrag muss innerhalb eines Jahres nach der Unanfechtbarkeit des letzten der betroffenen Bescheide gestellt werden. Ist dies der Fall, so kann die Aufhebung oder Änderung unabhängig von jeder Frist erfolgen. Wird die Frist hingegen versäumt, so kommt eine Wiedereinsetzung nach § 110 AO in Frage (vgl. S. 45 ff.).

Welcher von beiden Bescheiden der zutreffende und welcher der falsche ist, ist unerheblich, da dies im Zeitpunkt der Anfechtung oft nicht sicher festzustellen ist.

Beispiel Der U gibt in seiner ESt-Erklärung 05 Zinseinnahmen i. H. von 5 000 € an, die auch entsprechend veranlagt werden. Im ESt-Bescheid 06 berücksichtigt das FA die Zinseinnahmen erneut. Der Bescheid wird U zugestellt am 15. 6. 07.

Wenn nach Ansicht des U die Einnahmen tatsächlich in das Jahr 06 gehörten, kann er trotzdem bis zum 15. 7. 08 (15. 6. 07 + Rechtsbehelfsfrist + 1 Jahr) beantragen, die Steuerfestsetzung 05 zu ändern.

Im Fall des § 174 Abs. 1 AO sind die Auswirkungen der Änderung immer zum Vorteil des Stpfl.

Erfolgte hingegen eine mehrfache Berücksichtigung **zum Vorteil des Stpfl.** (Bsp.: mehrfache Berücksichtigung derselben Betriebs- oder Sonderausgaben), so kann eine Änderung auch **von Amts wegen** erfolgen. Da eine solche Änderung nach § 174 Abs. 2 AO jedoch zum Nachteil des Stpfl. erfolgt und somit immer einen Eingriff in seine durch Bindungswirkung und Bestandskraft geschützten Interessen darstellt, ist sie nur zulässig, sofern und soweit die fehlerhafte Festsetzung **auf einem Verhalten des Stpfl. beruht** (vgl. § 174 Abs. 2 Satz 2 AO).

Ist seit der Unanfechtbarkeit des letzten der betroffenen Bescheide weniger als ein Jahr vergangen, so ist die u. U. eingetretene Festsetzungsverjährung unbeachtlich. § 174 Abs. 2 AO findet jedoch **keine Anwendung**, wenn

- das FA seine Ermittlungspflicht verletzt hat und es dadurch zur Mehrfachberücksichtigung kam oder
- der Stpfl. den Sachverhalt richtig und vollständig darstellte und es durch die falsche Rechtsanwendung des FA zur doppelten Berücksichtigung kam.

(2) Negativer Widerstreit

Ein negativer Widerstreit i. S. des § 174 Abs. 3 und 4 AO liegt vor, wenn ein steuerlich erheblicher Sachverhalt nicht berücksichtigt wurde, obwohl seine Erfassung erforderlich ist. Es ist gleichgültig, ob der Sachverhalt versehentlich nicht berücksichtigt wurde, dies geschah, weil das FA annahm, er sei bereits in einem anderen Bescheid berücksichtigt oder der Sachverhalt fälschlicherweise einem anderen Bescheid zugrunde gelegt wurde und dieser Fehler dann nachträglich durch eine Änderung beseitigt wurde. In diesen Fällen ermöglich § 174 Abs. 3 AO die Nachholung, Aufhebung oder Änderung der Steuerfestsetzung, um die Berücksichtigung des Sachverhaltes zu ermöglichen.

§ 174 Abs. 3 AO regelt die Änderung wegen **erkennbarer Nichtberücksichtigung**: Wurde für den Stpfl. erkennbar davon ausgegangen, dass ein Sachverhalt in einem anderen Bescheid zu berücksichtigen sei, und stellt sich diese Annahme als falsch heraus, so kann gem. § 174 Abs. 3 AO eine Korrektur zugunsten oder zuungunsten des Stpfl. erfolgen. Ist die bewusste Nichtberücksichtigung aus dem Bescheid oder dem Verfahren erkennbar, ist der Eingriff in den Bestandsschutz gerechtfertigt.

Die Nichtberücksichtigung muss allerdings auf der unzutreffender Annahme anderweitiger Berücksichtigung basieren. Führt jedoch eine fehlerhafte Würdigung des Sachverhalts zur Nichtberücksichtigung, so ist § 174 Abs. 3 AO nicht anwendbar.

Trotz des Wortlautes („kann") handelt es sich hier aufgrund § 85 AO um eine gebundene und nicht um eine Ermessensentscheidung.

Die Berücksichtigung der bisher unberücksichtigten Tatsache ist so lange möglich, bis die Festsetzungsverjährung für den Bescheid, in dem der Sachverhalt nach der ursprünglichen Absicht des FA eigentlich hätte berücksichtigt werden sollen, noch nicht eingetreten ist. Folglich ist die **Festsetzungsverjährung** des zu ändernden Bescheides unerheblich (§ 174 Abs. 3 Satz 2 AO).

(3) Änderung wegen Widerstreits, § 174 Abs. 4 AO

§ 174 Abs. 4 erfasst die Fälle, in denen ein positiver oder negativer Widerstreit durch einen **Einspruch oder Antrag des Stpfl.** herbeigeführt wird.

Nach § 174 Abs. 4 AO muss z. B. die Nichtberücksichtigung für den Stpfl. zwar nicht erkennbar sein, aber er hat durch einen Rechtsbehelf oder Änderungsantrag selbst den Anlass für die Änderung gesetzt, sodass er sich nicht auf Vertrauensschutz berufen kann: Ein Sachverhalt war in einer Festsetzung fälschlicherweise berücksichtigt. Dieser Fehler wird auf Veranlassung des Stpfl. zu seinen Gunsten beseitigt. Deshalb hat die Finanzbehörde das Recht, die steuerlichen Folgen aus dieser Änderung zu ziehen.

Beispiel Der J wendet sich erfolgreich gegen seinen ESt-Bescheid 07, da hierin erfasste Einnahmen im Zeitraum 06 zu erfassen waren. Für den bestandskräftigen Bescheid 06 ist eine Änderung nach § 174 Abs. 4 AO möglich.

Ob die anfängliche falsche Berücksichtigung auf rechtlichen oder tatsächlichen Fehlern basiert, ist unerheblich. § 174 Abs. 4 AO setzt jedoch voraus, dass die Änderung dieses Bescheides auf einem Antrag des Stpfl. beruht. Folglich ist eine Änderung aufgrund einer Außenprüfung nicht ausreichend.

Die **Festsetzungsverjährung** ist unbeachtlich, wenn die Änderung innerhalb eines Jahres nach Aufhebung des fehlerhaften Bescheides erfolgt. War die Festsetzungsverjährung des zu korrigierenden Steuerbescheides aber bereits abgelaufen, als der später auf Antrag des Stpfl. aufgehobene oder geänderte Steuerbescheid erlassen wurde, ist die Jahresfrist nur bei Erkennbarkeit der Nichtberücksichtigung des Sachverhalts anwendbar (§ 174 Abs. 4 Satz 3 und 4, Abs. 3 Satz 1 AO).

(4) Änderung wegen Widerstreits, § 174 Abs. 5 AO

Von einer Folgeänderung nach § 174 Abs. 5 AO kann auch ein Dritter betroffen sein, also jemand, der im ursprünglichen Bescheid nicht als Steuerschuldner angegeben war.

Ist ihm gegenüber eine Änderung vorzunehmen, so ist dies nur zulässig, wenn er an dem Verfahren, das zur Aufhebung oder Änderung des fehlerhaften Bescheides führte, vor Eintritt der Festsetzungsverjährung beteiligt war. Seine **Zuziehung** oder **Beiladung** (§§ 359 AO, 57 FGO) ist zulässig und erforderlich (vgl. AEAO zu § 174 Nr. 6).

Beispiel Der J wendet sich erfolgreich gegen seinen ESt-Bescheid 07, da hierin erfasste Einnahmen dem – für 07 schon bestandskräftig veranlagten – L zuzurechnen sind. Für den bestandskräftigen Bescheid 07 des L ist eine Änderung nach § 174 Abs. 5 AO durch Zurechnung der Einnahmen möglich, wenn L an dem Rechtsbehelfsverfahren des J beteiligt worden war.

g) Aufhebung und Änderung von Folgebescheiden, § 175 Abs. 1 Satz 1 Nr. 1 AO

Aus Gründen der Verwaltungsökonomie werden gem. § 179 Abs. 1 AO – abweichend von § 157 Abs. 2 AO – bestimmte Beteuerungsgrundlagen in gesetzlich geregelten Fällen (vgl. insb. § 180 AO) in einem **Grundlagenbescheid** (§ 171 Abs. 10 AO), also z. B. in einem Feststellungsbescheid gesondert festgestellt, wenn sie für mehrere Steuerbescheide maßgeblich sind.

Richtet sich ein **Feststellungsbescheid** gegen eine Person, so spricht man von einer **gesonderten** (§ 179 Abs. 1 AO), richtet er sich gegen mehrere Personen von einer **einheitlichen und gesonderten** Feststellung (§ 179 Abs. 2 AO).

Beispiel G und K sind Gesellschafter der Getränkehandels-OHG. Wie viele Bescheide ergehen für ihre Einkommensteuer?

Lösung Zunächst ergeht eine „einheitliche und gesonderte Gewinnfeststellung“ bzgl. des Gewinns der OHG und der Aufteilung des Gewinns auf G und K (§ 181 Abs. 2 Nr. 1 AO). Dadurch wird der Gewinn für G und K nach einheitlichen Kriterien ermittelt, es kommt nicht zu Widersprüchen und die Arbeit muss nur einmal gemacht werden. Im nächsten Schritt ergehen die ESt-Bescheide für G und K, die die Gewinnanteile aus dem Feststellungsbescheid übernehmen.

Die im Grundlagenbescheid getroffenen Feststellungen sind für den **Folgebescheid** (z. B. den ESt-Bescheid) gem. 182 Abs. 1 und 2 AO bindend. Für den Feststellungsbescheid gelten gem. § 181 Abs. 1 AO die Vorschriften über die Besteuerung sinngemäß, sodass sie verfahrenrechtlich den Steuerbescheiden gleichgestellt sind und sie z. B. auch selbständig anfechtbar sind (vgl. § 157 Abs. 2 Hs. 2 AO). Eine Anfechtung des Feststellungsbescheides im Rahmen des Folgebescheides ist hingegen nicht möglich. Begrifflich tritt bei Feststellungsbescheiden allerdings an die Stelle des Steuerschuldners der Feststellungsbeteiligte.

Diese Bindungswirkung des Grundlagenbescheides für den Folgebescheid überträgt § 175 Abs. 1 Satz 1 Nr. 1 AO auf das Korrekturverfahren, da auch insoweit jede Änderung des Grundlagen- auf den Folgebescheid durchschlagen muss. Ergeht ein Grundlagenbescheid, wird er aufgehoben oder geändert, so ist der Folgebescheid anzupassen, d. h. zu erlassen, aufzuheben oder zu ändern. Die **Änderung des Grundlagenbescheides** erfolgt somit z. B. nach § 172 oder § 173 AO, die Änderung des **Folgebescheides** immer nach § 175 Abs. 1 Satz 1 Nr. 1 AO. Dies gilt jedoch nicht, wenn die materielle Bestandskraft der Folgebescheide nach §§ 164, 165 AO eingeschränkt ist.

Die Anpassung ist zwingend vorzunehmen, es handelt sich aber nur um eine **punktuelle Berichtigung** („soweit"). Wird ein vorliegender Grundlagenbescheid bei Erlass eines Folgebescheides übersehen, so kann der Folgebescheid noch nach § 175 Abs. 1 Satz 1 Nr. 1 AO geändert werden. Ebenso ist eine Änderung zulässig, wenn die in einem Grundlagenbescheid festgestellten Besteuerungsgrundlagen in einem Folgebescheid unzutreffend berücksichtigt wurden.

Änderungen müssen allerdings innerhalb der Festsetzungsfrist ergehen, wobei §§ 171 Abs. 10, 181 Abs. 5 AO zu berücksichtigen sind.

h) Aufhebung und Änderung wegen Eintritts eines Ereignisses mit steuerlicher Rückwirkung, § 175 Abs. 1 Satz 1 Nr. 2 AO

Grundsätzlich gibt es im Steuerrecht keine Rückwirkung, da gem. § 38 AO Ansprüche aus dem Steuerschuldverhältnis (erst) entstehen, sobald ein bestimmter Tatbestand verwirklicht ist. Trotzdem ermöglicht § 175 Abs. 1 Satz 1 Nr. 2 AO die Anpassung eines richtigen Bescheides an einen Sachverhalt, der sich nachträglich und mit Wirkung für die Vergangenheit geändert hat. Er ist somit das Gegenstück zu § 173 AO, der die Anpassung eines fehlerhaften Steuerbescheides an einen Sachverhalt ermöglicht, der von Anfang an vorlag, von dem die Finanzbehörde aber keine Kenntnis hatte.

- Der Begriff des **„Ereignisses“** erfasst jeden tatsächlichen oder rechtlichen Vorgang, der den steuerlichen Anspruch dem Grunde oder der Höhe nach beeinflusst. Ereignisse i. d. S. sind jedoch weder die Erteilung einer rückwirkenden Bescheinigung (Abs. 2 Satz 2), die rückwirkende Änderung von Steuergesetzen, die Nichtigerklärung von Gesetzen durch das BVerfG und die Änderung der Rechtsprechung.
- Das Ereignis muss **nachträglich eingetreten** sein, d. h. bei Erlass des zu korrigierenden Bescheides durfte es noch nicht eingetreten sein.
- Das Ereignis muss **steuerliche Wirkungen** haben, was sich nicht aus der AO, sondern aus den steuerlichen Einzelgesetzen ergibt.
- Die steuerlichen Wirkungen müssen sich (auch) **für die Vergangenheit** ergeben, d. h. es muss ein den Sachverhalt veränderndes Ereignis eintreten (siehe Beispiele).
  Eine steuerliche Rückwirkung liegt nicht vor bei rückgängig gemachten **Entnahmen oder Einlagen**, da die §§ 4, 5 EStG insoweit spezieller sind und bei **Kaufpreisänderungen im**

Rahmen des § 23 EStG, da insoweit das Zuflussprinzip des § 11 EStG uneingeschränkt gilt. Folglich stellt die Rückzahlung in dem Veranlagungsjahr eine Ausgabe dar, in dem sie erfolgt (anders bei §§ 16, 17, 18 Abs. 3 EStG).

Beispiele Anlässlich eines Vaterschaftstests wird festgestellt, dass der Stpfl. V gar nicht der Vater des Kindes K ist.

Der Veräußerungsgewinn für einen Gewerbebetrieb mindert sich nachträglich, da der Käufer den Preis wegen Mängeln herabsetzte. Zu weiteren Beispielen vgl. AEAO zu § 175 Nr. 2.5.

i) Berichtigung von Rechtsfehlern, § 176 AO

In § 176 AO findet der Gedanke seinen Ausdruck, dass zugunsten des Stpfl. die Rechtslage maßgebend ist, die im Zeitpunkt der ursprünglichen Steuerfestsetzung galt. Die Norm dient somit dem Schutz des Vertrauens des Stpfl.

Unter Aufhebung oder Änderung i. S. des § 176 AO fallen auch Korrekturen nach §§ 164, 165 AO.

Bei der Änderung einer Steuerfestsetzung ist mithin so vorzugehen, als würde das frühere, für den Stpfl. günstigere Recht noch gelten oder als würde die frühere, für den Stpfl. günstigere Rechtsauffassung noch fortbestehen.

j) Berichtigung von materiellen Fehlern, § 177 AO

Nach den zuvor dargestellten selbständigen Korrekturvorschriften sind jeweils nur spezielle Fehler korrigierbar. § 177

AO lässt im Gegensatz dazu **im Rahmen der anderen Korrekturvorschriften** die **Mitberücksichtigung materieller Fehler** zu, die unter keine andere Änderungsvorschrift fallen und somit auch keine eigenständige Änderung rechtfertigen. Folglich ist § 177 AO nicht in den Fällen der §§ 164, 165 AO anwendbar, da dort bereits unbeschränkte Korrekturmöglichkeiten bestehen.

Materielle Fehler i. S. des § 177 AO sind alle objektiven Unrichtigkeiten, insb. aber Fehler rechtlicher Art (Ausnahme: § 176 AO!).

Die materiell richtige Steuer kann allerdings nur im **Änderungsrahmen** festgesetzt werden. Dieser Rahmen wird durch Steuererhöhungen und -ermäßigungen gebildet, wobei selbständige Änderungsvorschriften nicht saldiert werden.

Beispiel Die ESt 06 des O ist bestandskräftig auf 10 000 € festgesetzt worden. Es werden nicht versteuerte Einnahmen mit einer steuerlichen Auswirkung i. H. von 5 000 € ermittelt, weshalb eine Änderung nach § 173 Abs. 1 Nr. 1 AO erfolgen soll. Es sind aber ferner damit zusammenhängende Werbungskosten ermittelt worden, die zu einer Steuerminderung i. H. von 2 000 € führen, die nach § 173 Abs. 1 Nr. 2 Satz 2 AO berücksichtigt werden können. Wie lautet der Änderungsrahmen?

Lösung Der Änderungsrahmen reicht von 15 000 € (10 000 € + 5 000 €) bis 8 000 € (10 000 € ./. 2 000 €). Falsch wäre ein Rahmen von 13 000 € (10 000 € + der Saldo aus 5 000 € ./. 2 000 €) bis 10 000 €.

Die **Prüfungsreihenfolge** bei § 177 AO gestaltet sich wie folgt:

1. **Änderungsrahmen** unter Berücksichtigung der steuerlichen Auswirkung der einzelnen Änderungsvorschriften ermitteln.
2. Feststellung der **materiell richtigen Steuer durch Gesamtsaldierung** der Auswirkungen der vorliegenden Fehler.
3. Prüfung, ob das Ergebnis der Gesamtsaldierung den Änderungsrahmen überschreitet.

Beispiel Die ESt 06 des O wurde bestandskräftig auf 10 000 € festgesetzt und es bestehen dieselben Änderungsgründe wie im vorhergehenden Beispiel. Zuunrecht sind ferner außergewöhnliche Belastungen mit einer steuermindernden Wirkung i. H. von 1 500 € nicht berücksichtigt und steuerpflichtige Einnahmen mit einer steuererhöhenden Wirkung von 4 500 € als steuerfrei behandelt worden.

Anlässlich einer Kontrollmitteilung bzgl. der im vorherigen Beispiel genannten Gesichtspunkte will das FA die ESt 06 auf 16 000 € erhöhen. Ist dies rechtmäßig?

Lösung 1) Der Änderungsrahmen reicht von 15 000 € bis 8 000 €, weil nur insoweit ein Änderungsgrund vorliegt und folglich nur insoweit eine Änderung durchgeführt werden darf. Bezüglich der außergewöhnlichen Belastungen und der als steuerfrei behandelten Einnahmen liegt keine selbständige Korrekturnorm vor.

2) Aus der Gesamtsaldierung ergibt sich ein materieller Fehler i. H. von 6 000 €:

Steuererhöhung wegen neuer Tatsachen	5 000 €
Steuererhöhung wegen steuerpflichtiger Einnahmen	4 500 €
Steuerminderung wegen neuer Tatsachen	./. 2 000 €
Steuerminderung wegen agB	./. 1 500 €
Steuererhöhung	6 000 €

3) Die materiell rechtmäßige Steuer beträgt somit 16 000 €, was allerdings den Änderungsrahmen überschreitet. Folglich darf die Finanzbehörde die Steuer nur i. H. von 15 000 € festsetzen. Die beabsichtigte Änderung ist somit in der Höhe nicht rechtmäßig.

8. Das Rechtsbehelfsverfahren

a) Überblick

Ist der Bürger mit einem steuerlichen VA nicht einverstanden oder verweigert die Behörde einen von ihm begehrten VA, so kann er sich **außergerichtlich** wehren, indem er einen Einspruch einlegt. Führt das **Einspruchsverfahren** nicht zu dem erhofften Erfolg, so ist der zweite denkbare Schritt des Bürgers gem. § 40 Abs. 2 FGO eine **Klage vor dem Finanzgericht** zu erheben. Diese Möglichkeit besteht ausnahmsweise auch ohne vorheriges Einspruchsverfahren (sog. Sprungklage, vgl. S. 179) oder ohne vorherige Einspruchsentscheidung (sog. Untätigkeitsklage, vgl. S. 179 f.). Gegen das Urteil des Finanzgerichtes gibt es die Möglichkeit der Revision beim Bundesfinanzhof, vgl. § 115 FGO.

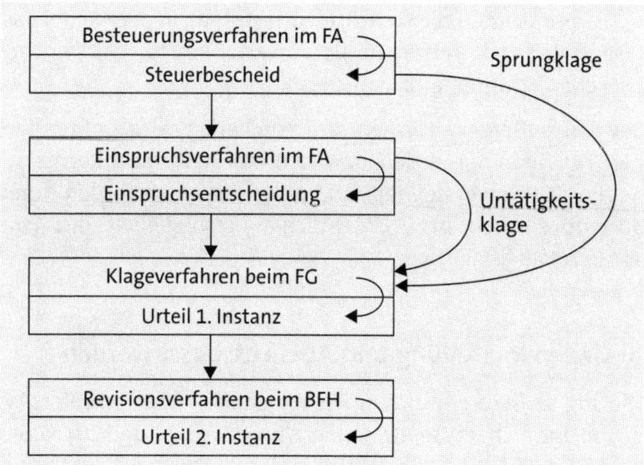

Diese Rechtsschutzmöglichkeiten sind ein Ausfluss der Rechtsweggarantie des Art. 19 Abs. 4 GG, nach der jedem Bürger das Recht zusteht und eingeräumt werden muss, sich gegen Handlungen der Verwaltung zu wehren. Es ist allerdings zu unterscheiden zwischen außergerichtlichen (= kostenfreien) und gerichtlichen (= kostenpflichtigen) Rechtsbehelfen (vgl. S. 178 ff.).

Mit den außergerichtlichen Rechtsbehelfsverfahren werden vor allem drei Ziele verfolgt:

- Dem Bürger wird dadurch **Rechtsschutz gewährt**, dass die Verwaltung auf Initiative des Bürgers ihre Entscheidung überprüft.
- Dadurch, dass die Verwaltung zur Überprüfung verpflichtet ist und die Möglichkeit dazu erhält, wird die **Selbstkontrolle der Verwaltung** verbessert.
- Ferner werden die **Gerichte entlastet**, da in aller Regel das Rechtsbehelfsverfahren als Vorverfahren für das gerichtliche Verfahren erforderlich ist.

Bei den außergerichtlichen Rechtsbehelfen wird unterschieden zwischen formlosen bzw. außerordentlichen Rechtsbehelfen (Gegenvorstellung und Aufsichtsbeschwerden) und dem förmlichen bzw. ordentlichen Rechtsbehelf des Einspruchs (§ 347 AO).

b) Gegenvorstellung und Aufsichtsbeschwerden

Die sog. außerordentlichen Rechtsbehelfe haben ihre Rechtsgrundlage nicht in der AO, sondern in den Art. 17 und 20 GG. Sie sind form-, frist- und kostenfrei, sodass sie auch mündlich und sogar dann noch erhoben werden können, wenn ein Einspruch schon verfristet ist.

Mit der **Gegenvorstellung** richtet sich der Bürger gegen eine Entscheidung in der Sache. Sie richtet sich an die Behörde, deren Maßnahme beanstandet wird und sie wird vom zuständigen Beamten selbst beschieden.

Beispiel „Ich bin enttäuscht, dass Sie die Kosten meines Anzuges für das Bewerbungsgespräch nicht als Werbungskosten anerkannt haben. Da ich aber als einfacher Bürger ohnehin nicht gegen Sie ankomme, bleibt mir nichts anderes, als zu resignieren."

Bei den Aufsichtsbeschwerden ist zu unterscheiden zwischen Sachaufsichts- und Dienstaufsichtsbeschwerde. Eine **Sachaufsichtsbeschwerde** richtet sich gegen die Entscheidung eines Beamten und sie wird vom Dienstvorgesetzten beschieden. Auch eine **Dienstaufsichtsbeschwerde** wird vom Dienstvorgesetzten beschieden, sie richtet sich allerdings gegen das Verhalten eines Beamten. Folglich zielt sie nicht auf eine andere Entscheidung in der Sache, sondern auf eine Maßnahme gegenüber dem Beamten.

Beispiel „Sehr geehrter Herr Vorsteher, das Verhalten Ihrer Bediensteten X anlässlich meines gestrigen Telefonates war ungehörig und unverschämt. Ich erwarte eine diesbezügliche Überprüfung."

Der Bürger hat einen Anspruch auf Prüfung und Beantwortung des außerordentlichen Rechtsbehelfs, jedoch nicht auf eine Begründung. Da der diesbezügliche Bescheid kein VA ist, ist gegen ihn ist auch **kein Rechtsbehelf** gegeben, es besteht allenfalls die Möglichkeit einer erneuten Aufsichtsbeschwerde gegen die Entscheidung bzw. den Entscheidenden.

Sofern sich außerordentliche Rechtsbehelfe auf den Inhalt eines VAs beziehen, treten Abgrenzungsprobleme zum ordentlichen Rechtsbehelfsverfahren auf, sodass im Zweifel von einem Einspruch auszugehen ist.

c) Der Einspruch

Das Veranlagungsverfahren ist als Massenverfahren besonders fehleranfällig, sodass die Verwaltung im Einspruchsverfahren die Möglichkeit erhält, die gemachten Fehler selbst wieder zu korrigieren. Normalerweise steht erst danach der Weg zu den Gerichten offen (§ 44 FGO).

Problematisch kann die Feststellung sein, ob der Betroffene im Hinblick auf einen Steuerbescheid, mit dem er nicht einverstanden ist, einen Einspruch nach §§ 347 bis 367 ff. AO einlegt oder einen **Antrag auf schlichte Änderung gem. § 172 Abs. 1 Nr. 2a AO** (vgl. dazu S. 133 ff.) stellt. Die Vorteile eines Antrages auf schlichte Änderung liegen darin, dass er formfrei erfolgen kann und eine Änderung zuungunsten des Einspruchsführers, einer sog. **Verböserung** nicht möglich ist. Letztendlich ist aber ein Einspruch für den Betroffenen günstiger, da

- ein Einspruch zur Überprüfung des gesamten Falles führt und die schlichte Änderung nur zu einer punktuellen Berichtigung,
- weitere für den Betroffenen günstige Einwendungen beim Einspruch bis zur Einspruchsentscheidung vorgebracht werden können, beim schlichten Änderungsantrag jedoch nur bis zum Ablauf der Einspruchsfrist und
- bei einem Einspruch – im Gegensatz zur schlichten Änderung – die Aussetzung der Vollziehung (AdV) gewährt werden kann.

Folglich ist zur umfassenderen und wirkungsvolleren Wahrung der Rechte des Betroffenen ein nicht eindeutig bezeichneter Antrag gem. § 133 BGB analog als Einspruch auszulegen; vgl. AEAO vor § 347 Nr. 1 a. E.

Der Einspruch ist erfolgreich, wenn er zulässig und begründet ist. Folglich ist er zunächst gem. § 358 AO auf seine **Zulässigkeit** hin zu prüfen. Mangelt es an einem der in der Folge dargestellten Zulässigkeitserfordernisse, so unterbleibt eine inhaltliche Prüfung im Rahmen der Begründetheit und der Einspruch wird ohne weitere Prüfung als unzulässig verworfen.

Im Einspruchsverfahren gilt das **Amtsermittlungsprinzip** (§ 88 AO), sodass das FA von Amts wegen den Tatbestand ermitteln und die Rechtslage prüfen muss. Anträge des Einspruchsführers führen nicht zu einer Beschränkung der Befugnisse der Finanzbehörde und begründen auch keine weiteren Pflichten für sie; es handelt sich insoweit lediglich um einen Hinweis auf die Beschwer.

Der Einspruch führt gem. § 367 Abs. 2 Satz 1 AO zur **Wiederaufrollung des gesamten Falles**. Deshalb kann es auch zu einer Änderung zuungunsten des Einspruchsführers (**Verböserung**) kommen. Bevor dies jedoch geschieht, ist dem Einspruchsführer gem. § 367 Abs. 2 Satz 2 AO rechtliches Gehör zu gewähren und ihm damit die Möglichkeit zu eröffnen, den Einspruch zurückzunehmen.

Beispiel ▶ A macht mit seinem Einspruch 1 000 € Werbungskosten geltend, die nicht anerkannt wurden. Dies stellt sich zwar im Einspruchsverfahren als richtig heraus, aber es ergibt sich auch, dass anderweitig Werbungskosten i. H. von 3 500 € fälschlich anerkannt wurden. Was wird geschehen?

Lösung Das FA wird A unter Angabe der Gründe mitteilen, dass es beabsichtigt, den Einspruch zurückweisen und den zu versteuernden Einkommensbetrag um 2 500 € zu erhöhen, wenn A seinen Einspruch nicht innerhalb einer angemessenen Frist zurücknimmt. A kann diese Verböserung verhindern, indem er den Einspruch zurücknimmt und dadurch dem FA die Grundlage für eine Korrektur entzieht. Das FA hat aber auch in diesem Fall noch die Möglichkeit, die für A negativen Gesichtspunkte zu berücksichtigen, wenn dies nach den Korrekturvorschriften zulässig ist (insb. bei neuen Tatsachen i. S. des § 173 Abs. 1 Nr. 1 AO).

Dem FA steht nach § 132 AO auch während des Rechtsbehelfsverfahrens die Möglichkeit einer Korrektur des angegriffenen VA zu. Der Erlass eines Korrekturbescheides während des Rechtsbehelfsverfahrens führt gem. § 365 Abs. 3 AO automatisch zu einer **Streitgegenstandsauswechslung**, sodass das Einspruchsverfahren gegen den VA in seiner neuen Form fortgesetzt wird. Ein erneuter Einspruch ist nicht zulässig.

(1) Zulässigkeit des Einspruchs

Nach § 358 AO hat die berufene Finanzbehörde zu prüfen, ob ein Einspruch zulässig ist. Dabei sind alle folgenden Punkte gedanklich zu prüfen; im Falle einer schriftlichen Prüfung (z. B. in einer Klausur) sollten die Punkte Statthaftigkeit, Einspruchsfrist, Einspruchsform und Beschwer immer zumindest kurz angesprochen werden.

- **Statthaftigkeit des Einspruchs, §§ 347, 348 AO:** Einsprüche sind gem. § 347 Abs. 1 Satz 1 AO statthaft gegen **Verwaltungsakte in Abgabenangelegenheiten** und in den weiteren genannten Fällen. Dabei spielt es keine Rolle, ob es sich um gebundene VA (z. B. Steuer-, Feststellungs- oder

Zinsbescheide) oder um Ermessens-VA (z. B. Haftungs- oder Stundungs- oder Vorauszahlungsbescheide) handelt; weitere Beispiele im AEAO zu § 347.

Statthaft ist ferner gem. § 347 Abs. 1 Satz 2 AO ein **Untätigkeitseinspruch**, wenn über einen gestellten Antrag auf Erlass eines VA ohne Mitteilung eines zureichenden Grundes nicht binnen einer angemessenen Frist sachlich entschieden wurde. Die Angemessenheit der Frist bemisst sich nach den Umständen des Einzelfalles (Schwierigkeit, Bedeutung), sodass in Anlehnung an § 46 FGO i. d. R. sechs Monate noch angemessen sein dürften, wenn kein erkennbares schwerwiegendes Interesse an einer schnelleren Entscheidung besteht. Ein zureichender Grund liegt vor, wenn der Einspruchsführer bei objektiver Betrachtung keine schnellere Entscheidung erwarten kann, z. B. wenn er selbst trotz bestehender Verpflichtung nicht mitwirkt.

Gegen Verwaltungsakte der Finanzbehörde ist i. d. R. der Einspruch gegeben, da sie fast ausschließlich im Bereich der Abgabenangelegenheiten i. S. des § 347 Abs. 1 Satz 1 Nr. 1 AO tätig ist. Es ergeben sich allerdings einige bedeutende Ausnahmen aus § 348 AO, wonach insb. ein **Einspruch gegen Einspruchsentscheidungen** unstatthaft ist (§ 348 Nr. 1 AO). Insoweit ist der Klageweg zu beschreiten, §§ 40, 44 Abs. 2 FGO. Ferner ist auch gem. § 348 Nr. 2 AO bei **Nichtentscheidung über einen Einspruch** ggf. eine Untätigkeitsklage gem. § 46 FGO zulässig, ein Einspruch hingegen unstatthaft. Weiterhin ergibt sich aus § 348 Abs. 3 AO, dass auch gegen Handlungen der Finanzbehörde im Straf- oder Bußgeldverfahren der Einspruch unstatthaft ist.

- **Zuständigkeit der angerufenen Behörde, §§ 357 Abs. 2, 367 AO:** Gemäß § 357 Abs. 2 Satz 1 AO ist der Einspruch bei der Behörde einzulegen, deren VA angefochten wird. Neben der Frage, wo der Einspruch einzulegen ist, ist aber auch die in § 367 Abs. 1 AO geregelte Frage von Bedeutung, wer über den Einspruch entscheidet. Aus diesen unterschiedlichen Regelungen ergibt sich, dass die Anbringungsbehörde und die zur Entscheidung befugte auseinander fallen können (siehe Beispiel 1).

Lediglich für Einsprüche gegen **Grundlagenbescheide** i. S. des § 171 Abs. 10 AO gilt eine Ausnahme, da sie gem. § 357 Abs. 2 Satz 2 AO auch bei der Behörde fristwahrend eingelegt werden können, die zum Erlass des Folgebescheides örtlich zuständig ist.

Erfolgt die Einspruchseinlegung bei einer **falschen Behörde**, so ist dies nach § 357 Abs. 2 Satz 4 AO unschädlich, wenn der Einspruch noch vor Ablauf der Einspruchsfrist bei der Anbringungsbehörde eingeht. Ist dies nicht der Fall, so ist die Verspätung i. d. R. durch den Einspruchsführer verschuldet, da er die Rechtsbehelfsbelehrung des von ihm angegriffenen VA nicht beachtete, sodass auch eine Wiedereinsetzung nach § 110 AO nicht in Frage kommt. Etwas anderes gilt hingegen z. B., wenn die für die Anbringung unzuständige Behörde erkennen konnte, dass es sich bei dem eingegangenen Einspruch um einen Irrläufer handelte, und sie ihn trotzdem nicht zeitnah weiterleitete, oder wenn die Rechtsbehelfsbelehrung fehlerhaft war (siehe Beispiel 2).

- **Einspruchsfrist:** Die Einspruchsfrist ist in den §§ 355 f. AO geregelt und sie beginnt mit der wirksamen Bekanntgabe des VA. Die Fristberechnung erfolgt nach § 108 AO i. V. m. §§ 187 bis 193 BGB (vgl. S. 38 ff.).Wurde eine Frist versäumt, so ist jeweils im Rahmen der Zulässigkeit des Einspruchs eine Wiedereinsetzung gem. § 110 AO von Amts wegen zu prüfen (vgl. S. 45 ff.). Die Fristen für einen Einspruch gegen einen VA betragen **einen Monat** bei ordnungsgemäßer

Rechtsbehelfsbelehrung (§ 355 Abs. 1 Satz 1 AO) und ein Jahr bei nicht ordnungsgemäßer Rechtsbehelfsbelehrung (§ 356 Abs. 2 AO). Wird die ordnungsgemäße Rechtsbehelfsbelehrung nachgeholt, dann beginnt ab diesem Zeitpunkt die Monatsfrist zu laufen, wobei auch in diesem Fall spätestens ein Jahr nach der wirksamen Bekanntgabe des VA die Einspruchsfrist endet (Ausnahme: § 356 Abs. 2 Satz 1 2. Halbs. AO). Für einen Untätigkeitseinspruch gelten naturgemäß keine Fristen (§ 355 Abs. 2 AO). Für Steueranmeldungen (vgl. S. 113 f.) gilt die Regelung des § 355 Abs. 1 Satz 2 AO, wobei zu unterscheiden ist zwischen zustimmungsfreien Anmeldungen, bei denen es naturgemäß keinen Bekanntgabetag gibt, und zustimmungspflichtigen Anmeldungen (vgl. AEAO zu § 355 Nr. 1).

- **Einspruchsform:** Der Einspruch muss schriftlich eingereicht oder zur Niederschrift erklärt werden. **Schriftform** liegt bei einem mündlichen bzw. telefonischen Einspruch nicht vor, ist hingegen bei einem Telegramm, Fax oder einer Email (vgl. § 87a AO) zu bejahen. Eine **Niederschrift** muss an Amtsstelle erfolgen und sie muss die Unterschrift des Einspruchsführers und des aufnehmenden Sachbearbeiters enthalten. Ein Aktenvermerk reicht folglich nicht aus.

  Im Falle eines schriftlichen Einspruchs ergibt sich aus § 357 Abs. 1 Satz 2 AO zwingend, dass der Einspruchsführer zu erkennen sein muss (z. B. aus dem Briefkopf oder der angegebenen Steuernummer), eine Unterschrift ist hingegen nicht erforderlich.

  Die Einspruchsform kann auch durch die Beauftragung eines **Vertreters** gewahrt werden (siehe Beispiel 3).

  Daneben soll der Einspruch nach § 357 Abs. 3 AO noch den angefochtenen VA bezeichnen, die Einspruchsgründe angeben und Tatsachen und Beweismittel benennen. Geschieht dies nicht, ist der Einspruch trotzdem zulässig und das FA ist zur vollumfänglichen Überprüfung des VA nach Aktenlage verpflichtet.

- **Beschwer (Einspruchsbefugnis), § 350 AO:** Der Einspruchsführer muss geltend machen, durch einen VA oder die Unterlassung eines VA in seinen Rechten verletzt zu sein. Er muss somit schlüssig und substantiiert Tatsachen vortragen, aus denen sich – ihre Richtigkeit unterstellt – die **Möglichkeit der Rechtsverletzung** ergibt (sog. Möglichkeitstheorie). Ob eine Rechtsverletzung tatsächlich vorliegt, ist hingegen erst im Rahmen der Begründetheit zu prüfen. Die Beschwer ist allerdings dann nicht schlüssig vorgetragen, wenn der Rechtsbehelf offensichtlich und unter keinem rechtlichen Gesichtspunkt zum Erfolg führen kann. Soll sich die Rechtsverletzung aus einem VA (i. d. R. einem Steuerbescheid) ergeben, so ist lediglich auf dessen Tenor (= die Entscheidung) abzustellen, nicht hingegen auf die Begründung oder die Besteuerungsgrundlagen. Ausnahmen gelten insoweit nur dann, wenn der Bescheid eine Bindungswirkung für Folgeverwaltungsakte entfaltet (z. B. für BAFöG-Anträge).
  Eine Beschwer wird i. d. R. ausgelöst durch die Höhe der Steuer. Dementsprechend stellt ein **Nullbescheid** bei den Steuerarten keine Beschwer dar, bei denen eine negative Steuer nicht in Betracht kommt, z. B. bei der ESt, nicht hingegen bei der USt oder bei Feststellungsbescheiden (siehe Beispiel 4).
  Dasselbe gilt, wenn der Einspruchsführer geltend macht, die festgesetzte Steuer sei zu niedrig. Auch insoweit gelten Ausnahmen, sodass eine Beschwer anzunehmen ist, wenn die Steuerpflicht zuunrecht bejaht wird oder ein Vorteil in späteren Jahren bei der gleichen Steuer oder bei einer anderen Steuerart im gleichen Jahr z. B. aufgrund des

Bilanzzusammenhangs in einen Nachteil umschlagen kann oder wenn geltend gemacht wird, dass die Bedingungen der §§ 164, 165 AO nicht mehr vorlägen.
Dritte, die nicht Adressat eines VA sind, können ihn nur dann zulässigerweise angreifen, wenn sie schlüssig darlegen, dass sie durch den angegriffenen VA in eigenen Rechten verletzt werden. Eine solche **Drittbeschwer** ist nur in Ausnahmefällen zu bejahen (siehe Beispiel 5).

- **Beschränkung der Einspruchsbefugnis, §§ 351 bis 353 AO:** Gemäß § 351 Abs. 1 AO ist die Einspruchsbefugnis bei **Änderungsbescheiden** eingeschränkt. Dadurch soll verhindert werden, dass bei einer Änderung nach Eintritt der Bestandskraft wieder der gesamte – also auch der bereits unanfechtbare – Regelungsgehalt angegriffen werden kann. Stattdessen ist ein Einspruch nur bzgl. des Regelungsgehalts des Änderungsbescheids möglich. Folglich ist eine Beschwer zu verneinen, wenn die in einem unanfechtbaren Steuerbescheid festgesetzte Steuer durch einen Änderungsbescheid ermäßigt wird. Wird die Steuer hingegen durch den Änderungsbescheid erhöht, so besteht eine Beschwer (nur) hinsichtlich des Erhöhungsbetrages. Im Übrigen ist ein Einspruch unzulässig (Teilunzulässigkeit).
  Eine Ausnahme gilt insoweit lediglich gem. § 351 Abs. 1 2. Halbs. AO sofern sich aus den Vorschriften über die Änderung oder Aufhebung von VA etwas anderes ergibt. Dadurch werden diese Vorschriften in das Einspruchsverfahren hineingezogen, sodass in diesem Rahmen ausnahmsweise eine Änderung z. B. nach §§ 173, 174 oder 175 AO möglich und die Beschwer zu bejahen ist.
  § 351 Abs. 2 AO schränkt die Einspruchsbefugnis gegen **Folgebescheide**, die auf Entscheidungen für **Grundlagenbescheiden** beruhen, ein. Nach geltender BFH-Rechtspre-

chung führt ein Verstoß aber nicht zur Unzulässigkeit des Einspruchs.

Bei **einheitlichen und gesonderten Feststellungen** der Besteuerungsgrundlagen ist die Einspruchsbefugnis gem. § 352 AO eingeschränkt. Obwohl sich derartige Bescheide gegen alle Beteiligten richten, sind nur bestimmte Personen einspruchsbefugt. Dabei handelt es sich um den zur Vertretung berufenen Geschäftsführer (§ 352 Abs. 1 Nr. 1 Alt. 1 AO), wenn ein solcher nicht vorhanden ist, den Empfangsbevollmächtigten i. S. des § 183 AO (§ 352 Abs. 1 Nr. 1 Alt. 2, Abs. 2 AO), ist auch ein solcher nicht vorhanden jeden Beteiligten (§ 352 Abs. 1 Nr. 2). Daneben sind immer einspruchsbefugt ausgeschiedene und somit vom Geschäftsführer nicht mehr vertretene Beteiligte (§ 352 Abs. 1 Nr. 3 AO), jeder der betroffen ist, wenn die Beteiligung und der zuzurechnende Anteil strittig sind (§ 352 Abs. 1 Nr. 4 AO) und bei Fragen, die einen Beteiligten persönlich betreffen, jeder, der durch die Feststellungen über die Frage berührt wird (§ 352 Abs. 1 Nr. 5 AO; Bsp.: Sonderbetriebsausgaben und -einnahmen).

Aus § 353 AO ergeben sich besondere Regelungen bzgl. der Einspruchsbefugnis des **Rechtsnachfolgers**.

- **Beteiligtenfähigkeit, § 359 AO:** Abweichend vom Beteiligten-Begriff des § 78 AO sind Beteiligte des Einspruchsverfahrens nach § 359 AO nur der Einspruchsführer und hinzugezogene Personen, sofern sie steuerrechtsfähig i. S. des § 33 AO sind.

  Um das Verfahren zu vereinfachen und widersprüchliche Entscheidungen zu vermeiden, können bzw. müssen gem. § 360 AO Personen, die zwar selbst keinen Einspruch eingelegt haben, aber ebenfalls von dem streitbefangenen VA betroffen sind, zum Einspruchsverfahren hinzugezogen werden. Es ist zu unterscheiden zwischen **einfacher Hinzu-**

ziehung (§ 360 Abs. 1 AO), **notwendiger Hinzuziehung** (§ 360 Abs. 3 AO und im Massenverfahren § 360 Abs. 5 AO) und der besonderen Form der Hinzuziehung nach § 174 Abs. 5 AO (vgl. S. 149).

Eine **einfache Hinzuziehung** gem. § 360 Abs. 1 AO kann (Ermessen!) erfolgen, wenn die steuerlichen Interessen eines anderen betroffen werden. Dies ist der Fall bei Haftenden und Gesamtschuldnern (z. B. zusammenveranlagte Eheleute). Der Steuergläubiger ist hingegen nie zuzuziehen (§ 360 Abs. 2 AO).

Im Gegensatz dazu hat eine **notwendige Zuziehung** i. S. des § 360 Abs. 3 AO zu erfolgen, wenn gegen mehrere Beteiligte nur eine einheitliche Entscheidung möglich ist, was z. B. bei einspruchsbefugten Feststellungsbeteiligten der Fall ist. Ehegatten fallen nur darunter, wenn fraglich ist, ob Einzel-, getrennte oder Zusammenveranlagung angezeigt ist. Die Hinzuziehung erfolgt durch VA, sodass auch gegen sie Einspruch eingelegt werden kann. Der Hinzugezogene ist Verfahrensbeteiligter und hat die gleichen Rechte wie der Einspruchsführer mit der Ausnahme, dass er den Einspruch nicht zurücknehmen kann. Unterbleibt die Hinzuziehung, so liegt ein Verfahrensfehler vor, der aber im Verwaltungsverfahren oder im finanzgerichtlichen Verfahren durch eine Beiladung nach § 60 FGO geheilt werden kann.

Da die Hinzuziehung akzessorisch ist, fällt sie auch wieder weg, wenn der Einspruchsführer seinen Einspruch zurücknimmt.

- **Handlungsfähigkeit, § 365 i. V. m. § 79 AO:** Zu Verfahrenshandlungen sind die handlungsfähigen Personen i. S. des § 79 AO befugt (vgl. S. 30 f.).
- **Kein Einspruchsverzicht (§ 354 AO) und keine Einspruchsrücknahme (§ 362 AO):** Beide bedürfen der Schriftform und können nicht von einer Bedingung abhängig gemacht

werden. Der Unterschied zwischen diesen beiden Regelungen liegt jedoch darin, dass der **Einspruchsverzicht** erst nach Bekanntgabe des VA und vor Einlegung eines Einspruchs erklärt werden kann; er macht jeden weiteren Einspruch unzulässig.

Die **Einspruchsrücknahme** ist hingegen erst ab der Einlegung eines Einspruchs bis zur Bekanntgabe der Einspruchsentscheidung möglich und sie führt nur zum Verlust des eingelegten Einspruchs. Sofern die Einspruchsfrist noch offen ist, ist die Einlegung eines neuen Einspruchs zulässig.

Bis zur Einlegung eines Einspruchs ist somit ein Einspruchsverzicht möglich, danach nur noch eine Einspruchsrücknahme. Teilverzicht oder Teilrücknahme sind nicht möglich, da gem. § 367 Abs. 2 Satz 1 AO der Fall in vollem Umfang zu überprüfen ist (Ausnahme: §§ 354 Abs. 1a, 362 Abs. 1a AO).

Beispiel 1 Nach Bekanntgabe seines ESt-Bescheides zieht K von Kiel nach Hamburg und teilt dies dem FA mit, sodass ein örtlicher Zuständigkeitswechsel eintritt. Wo kann K den Einspruch fristwahrend einlegen und wer entscheidet darüber?

Lösung K kann den Einspruch weiterhin fristwahrend nur beim Kieler FA einlegen, dieses wird allerdings die Akten zur sachlichen Entscheidung an das Hamburger FA übersenden. Das Kieler FA kann nur unter den Voraussetzungen des § 26 Satz 2 AO über den Einspruch entscheiden, vgl. § 367 Abs. 1 Satz 2 AO.

Beispiel 2 K aus dem vorhergehenden Beispiel legt seinen Einspruch in Hamburg ein. Das Hamburger FA muss daraufhin den Einspruch umgehend nach Kiel zur zuständigen Anbringungsbehörde senden. Nach fristgerechtem Eingang wird das Kieler FA den Einspruch zur inhaltlichen Entscheidung wieder nach Hamburg schicken.

Beispiel 3 D aus Köln ist im Urlaub im Ausland als ihm einfällt, dass am selben Tag die Einspruchsfrist abläuft. Daraufhin ruft er seinen Freund H in Köln an und bittet ihn, noch am selben Tag einen Zettel mit der Aufschrift „Einspruch gegen den Einkommensteuerbescheid des D vom ..., Unterschrift H" in den Hausbriefkasten des FAs einzuwerfen. Wenn H dies tut, ist der Einspruch frist- und formgerecht.

Beispiel 4 Eine Beschwer liegt nicht vor, wenn lediglich die Begründung eines Steuer-VA falsch ist, die Höhe der festgesetzten Steuer aber stimmt, wenn die Besteuerungsgrundlagen falsch sind, dies jedoch keine Auswirkung auf das steuerliche Ergebnis hat oder wenn nur Zuständigkeits-, Verfahrens- oder Formfehler i. S. des § 127 AO vorliegen.

Beispiel 5 Gegen den Arbeitgeber des L wird ein LSt-Haftungsbescheid erlassen, der nach Ansicht des L zu hoch ist. Ist L beschwert?

Lösung Steuerschuldner der LSt ist gem. § 38 Abs. 2 EStG der Arbeitnehmer. Obwohl der Bescheid nicht an den L selbst gerichtet ist, ist er somit „betroffen" i. S. des § 122 Abs. 1 Satz 1 AO und er kann eine eigene Beschwer geltend machen.

Auch im Übrigen ist der Einspruch des L zulässig, da der Einspruch gem. § 347 Abs. 1 Nr. 1 AO statthaft ist und mangels Bekanntgabe des Haftungsbescheides gegenüber L für diesen keine Einspruchsfrist läuft.

(2) Begründetheit des Einspruchs

Die Begründetheitsprüfung erfolgt nur, wenn der Einspruch zulässig ist. Er ist begründet, wenn der angegriffene Steuer-VA rechtswidrig ist und den Einspruchsführer in seinem Recht auf gesetzmäßige Besteuerung verletzt.

Um dies festzustellen, überprüft das FA die Steuersache in vollem Umfang erneut (§ 367 Abs. 2 Satz 1 AO). Dabei bestehen für das FA die gleichen Rechte und Pflichten wie im Veranlagungsverfahren. Eine Bindung durch die Anträge des Einspruchsführers besteht nicht. Er kann aber seinen zulässigen Einspruch auch noch nach Ablauf der Einspruchsfrist erweitern.

(3) Praktischer Ablauf des Einspruchsverfahrens

Nachdem der Einspruch bei der (Veranlagungs-)Dienststelle eingegangen ist, die den VA erlassen hat, wird er in die **Rechtsbehelfsliste** eingetragen und danach die Zulässigkeit geprüft. Wird dabei – ggf. nach der Prüfung der Wiedereinsetzung gem. § 110 AO – festgestellt, dass der Einspruch unzulässig ist, wird dem Einspruchsführer die **Rücknahme** nahegelegt. Nimmt er den Einspruch nicht zurück, so wird der Einspruch gem. § 358 Satz 2 AO durch eine (abgekürzte) Einspruchsentscheidung **als unzulässig verworfen**. Dadurch ist der Klageweg eröffnet (§§ 40, 44 FGO), aber auch eine Änderung bzw. Berichtigung aufgrund von Korrekturnormen ist unabhängig vom Einspruch möglich.

Ist der Einspruch zulässig, so folgt die Prüfung der Begründetheit, in deren Rahmen zunächst die Anforderungen des § 357 Abs. 3 AO (Sollvorschrift!) geprüft werden. Sind diese nicht erfüllt, so wird der Einspruchsführer angeschrieben und um eine Begründung des Einspruchs gebeten, ggf. verbunden mit einer Fristsetzung nach § 364b AO. Erfolgt diese nicht, so wird der Einspruch nach überschlägiger Prüfung i. d. R. **als unbegründet zurückgewiesen**.

Ist der Einspruch mit einer Begründung versehen, so erfolgt zunächst eine überschlägige Prüfung in der Dienststelle, die den VA erlassen hat. Kann aufgrund dieser Prüfung dem Einspruch nicht abgeholfen werden, so erfolgt nach Abgabe an die **Rechtsbehelfsstelle** eine genauere Prüfung. Insoweit ist zu unterscheiden nach dem Ergebnis der umfassenden Prüfung nach § 367 Abs. 2 Satz 1 AO:

- **Der Einspruch ist nicht begründet:** Ist der angefochtene VA nicht zu ändern und erfolgt keine Einspruchsrücknahme so wird er durch eine Einspruchsentscheidung zurückgewiesen. Ist hingegen eine Verböserung vorgesehen, so erfolgt ein Hinweis nach § 367 Abs. 2 Satz 2 AO. Wird auf diesen hin der Einspruch nicht zurückgenommen, so ergeht die Einspruchsentscheidung mit der Verböserung. In beiden Fällen ist dadurch der Klageweg gem. §§ 40, 44 FGO eröffnet.
- **Der Einspruch ist begründet:** Ist der Einspruch begründet, so erfolgt die Abhilfe i. d. R. nicht durch eine Einspruchsentscheidung (§ 367 Abs. 2 Satz 3 AO), sondern durch einen Änderungsbescheid (z. B. gem. § 172 AO). Dieser Bescheid kann erneut mit einem Einspruch angegriffen werden.
- **Der Einspruch ist teilweise begründet:** Die Teilabhilfe kann im Rahmen einer Einspruchsentscheidung oder durch einen Änderungsbescheid erfolgen. Im zweiten Fall wird dieser Bescheid gem. § 365 Abs. 3 AO Verfahrensgegen-

stand, sodass im Übrigen eine Zurückweisung im Wege einer Einspruchsentscheidung erfolgt. In beiden Fällen ist der Klageweg gem. §§ 40, 44 FGO eröffnet.

Gemäß § 367 Abs. 2a und 2b AO bestehen für Masseneinspruchsverfahren besondere Möglichkeiten der Einspruchsentscheidung. So ist eine **Teileinspruchsentscheidung** möglich, wenn nur ein Teil des Gesamteinspruchs erledigungsreif ist (§ 367 Abs. 2a AO). Wird diese Entscheidung bestandskräftig, kann dieser Teil bei der abschließenden Entscheidung nicht wieder angegriffen werden.

Daneben können gem. § 367 Abs. 2b AO Einsprüche durch **Allgemeinverfügung** der zuständigen obersten Finanzbehörde zurückgewiesen werden, wenn eine Entscheidung des EuGH, BVerfG oder BFH in einer Mustersache nicht zu einer Abhilfe beim Einspruchsführer führt.

Beispiel Der E legt Einspruch gegen seinen ESt-Bescheid ein, den er damit begründet, dass Werbungskosten i. H. von 750 € nicht anerkannt worden seien. Wegen einer weiteren Steuerminderung um 350 € beruft er sich auf einen Musterprozess beim BVerfG.

Das FA kann ggf. zunächst den Einspruch bzgl. der Werbungskosten durch Teil-Einspruchsentscheidung als unbegründet zurückweisen, sodass der Einspruch bzgl. der weiteren 350 € offen bleibt. Entscheidet das BVerfG in der Folge negativ für E, so kann der noch offene Einspruch durch eine Allgemeinverfügung zurückgewiesen werden.

(4) Einspruchsentscheidung

Die gesetzlichen Anforderungen an die Einspruchsentscheidung ergeben sich aus § 366 AO. Die **Schriftform** ist nur gewahrt, wenn die Entscheidung auch den Namen des Entscheidungsträgers und seine Unterschrift enthält (§ 366 i. V. m. § 119 Abs. 3 AO). Eine fehlende Begründung macht die Entscheidung zwar rechtswidrig, aber nicht nichtig (vgl. S. 64 f., 77 ff.). Eine unzutreffende Begründung ist hingegen kein Verfahrensfehler (vgl. S. 107 f.). Bekanntzugeben ist die Entscheidung gem. § 122 AO den Beteiligten i. S. des § 359 AO.

Die Entscheidung besteht aus vier Teilen:

- **Rubrum** (= Bezeichnung der Angelegenheit und der beteiligten Personen),
- **Tenor** (= Entscheidungssatz, in dem die Entscheidung möglichst knapp formuliert wird; Bsp.: „Der Einspruch wird als unzulässig verworfen.“, „Der Einspruch wird als unbegründet zurückgewiesen.“),
- **Rechtsbehelfsbelehrung** (vgl. § 55 FGO zu den notwendigen Bestandteilen),
- **Entscheidungsgründe**, die untertcilt werden in den Tatbestand und die rechtliche Würdigung, letztere ihrerseits aufgeteilt in Zulässigkeit und Begründetheit.

(5) Aussetzung der Vollziehung

Im Steuerrecht kommt Rechtsbehelfen (Einspruch und Klage) gem. §§ 361 Abs. 1 AO, 69 Abs. 1 FGO grundsätzlich keine aufschiebende Wirkung zu (sog. **Suspensiveffekt**). Der Steuerschuldner muss folglich auch auf einen seiner Meinung nach rechtswidrigen Steuerbescheid hin die Steuer entrichten und sofern dies nicht geschieht, kann gegen ihn vollstreckt werden (vgl. § 124 Abs. 2 AO). Es besteht jedoch die Möglichkeit für den

Steuerpflichtigen, in geeigneten Fällen eine **Aussetzung der Vollziehung** (AdV) zu beantragen.

Voraussetzungen der AdV sind in jedem Fall

- die Einlegung eines zulässigen Rechtsbehelfs gegen einen vollziehbaren VA und
- ernstliche Zweifel an der Rechtmäßigkeit des VA oder eine unbillige Härte, die durch die Vollziehung des VA entstehen würde.

Ist der Bescheid bereits vollzogen, so kommt keine Aussetzung, sondern eine **Aufhebung der Vollziehung** in Betracht. Die Aussetzung oder die Aufhebung der Vollziehung kann gem. § 361 Abs. 2 Satz 5 AO von einer Sicherheitsleistung abhängig gemacht werden, sofern die AdV zu einer Gefährdung des Steueranspruchs führen würde (vgl. AEAO zu § 361 Nr. 9.2).

Es ist allerdings danach zu unterscheiden, ob das FA oder das FG die AdV gewähren kann:

Die **Zuständigkeit für die AdV** liegt immer (zunächst) bei der Behörde, die den angefochtenen VA erlassen hat. Daneben besteht aber auch gem. § 69 AO die Möglichkeit, dass das Gericht der Hauptsache über die AdV entscheidet.

- Gewährt das FA die AdV, so ist dem Rechtsschutzbegehren des Rechtsbehelfsführers entsprochen worden, sodass es keiner weiteren Entscheidung bzgl. der AdV bedarf. Im Einspruchsverfahren richtet sich die Entscheidung des FA nach § 361 Abs. 2 AO, im Klageverfahren nach § 69 Abs. 2 FGO.
- Lehnt das FA die Aussetzung ganz oder teilweise ab, so kann der Rechtsbehelfsführer gegen diese Entscheidung Einspruch einlegen. Wird der Einspruch abgewiesen, so ist

der Klageweg ausgeschlossen, aber gem. § 69 Abs. 7 FGO kann das FG angerufen werden. Auf diese Möglichkeit ist in der Rechtsbehelfsbelehrung hinzuweisen.

- Wurde der Antrag auf AdV vom FA ganz oder teilweise abgelehnt, so ist aber auch ohne vorherigen Einspruch ein Antrag auf AdV beim FG gem. § 69 Abs. 4 Satz 1, Abs. 3 FGO zulässig.
- Wurde der Antrag auf AdV jedoch weder ganz oder teilweise abgelehnt noch ihm zugestimmt, so kann ein Antrag auf AdV beim FG ausnahmsweise nach § 69 Abs. 4 Satz 2 FGO zulässig sein, wenn das FA untätig blieb (Nr. 1) oder aus der Sicht des Antragstellers eine Vollstreckung droht (Nr. 2).

Der AdV-Antrag kann ab der Einlegung des Einspruchs bis zur Revisionsentscheidung gestellt werden. Auch schon vor Klageerhebung kann das FG ggf. über die AdV entscheiden bzw. auch nach Klageerhebung kann das FA noch darüber entscheiden.

Bezüglich des **sachlichen Umfangs** der AdV sind §§ 361 Abs. 2 Satz 4 AO, 69 Abs. 2 Satz 8 FGO zu beachten. Danach ist nur der Unterschiedsbetrag zwischen festgesetzter Jahressteuer und festgesetzten Vorauszahlungen aussetzungsfähig, wodurch der Gesetzgeber die Erstattung von Vorauszahlungen und anzurechnenden Abzugssteuern vermeiden will (Ausnahmen jeweils im 2. Halbs.).

Beispiel B erstrebt im Einspruchsverfahren eine Steuerminderung von 3 000 €. Die festgesetzte ESt beträgt 9 800 €, die festgesetzten Vorauszahlungen betragen 6 000 € und die anzurechnende Kapitalertragsteuer 1 500 €, sodass die Abschlusszahlung 2 300 € beträgt. Welcher Betrag ist auszusetzen?

Lösung Trotz des Begehrens i. H. von 3 000 € ist der ESt-Bescheid nur in Höhe von 2 300 € vollziehbar. Unter Berücksichtigung des § 361 Abs. 2 Satz 4 AO ist deshalb auch nur eine Aussetzung i. H. von 2 300 € möglich. Insoweit ist es unerheblich, ob die festgesetzten Vorauszahlungen tatsächlich beglichen wurden.

Weitere Beispiele im AEAO zu § 361 Nr. 4.

d) Das Klageverfahren bei dem FG

Das finanzgerichtliche Verfahren ist – im Gegensatz zum sonst üblichen dreistufigen Aufbau – zweistufig. Erste Instanz ist das FG, gegen dessen Urteile gibt es nur noch die Revision bzw. die Beschwerde zum BFH. Das FG entscheidet gem. § 5 FGO durch den **Senat** (im Urteilsverfahren: drei Berufs- und zwei ehrenamtliche Richter; im Beschlussverfahren: drei Berufsrichter). In geeigneten Fällen kann der Senat die Entscheidung auch einem Einzelrichter übertragen (§ 6 FGO).

Nach dem Anliegen des Klägers werden verschiedene Klagearten unterschieden:

- **Gestaltungsklagen** zielen auf die Änderung eines Rechtsverhältnisses ab. Ihre häufigste Erscheinungsform ist die **Anfechtungsklage**, deren Ziel die Aufhebung oder Änderung eines VA ist.
- **Leistungsklagen** zielen darauf, dass der Kläger etwas erhalten will, die Verwaltung etwas leisten soll. Insoweit ist zu unterscheiden zwischen **Verpflichtungsklagen**, deren Ziel die Erteilung eines abgelehnten oder unterlassenen VA ist (z. B. Eintragung eines Freibetrages auf der LSt-Karte, Erlass eines Korrekturbescheides) und **allgemeinen Leistungskla-**

gen, deren Ziel in einem Verhalten der Behörde liegt, das nicht VA ist (z. B. Zusendung eines Betriebsprüfungsberichtes).

- Daneben gibt es noch **Feststellungsklagen**. Mit ihnen wird die gerichtliche Feststellung begehrt, dass ein bestimmtes Rechtsverhältnis besteht oder nicht besteht oder ein VA nichtig ist (siehe Beispiel).
  Die Feststellungsklage ist gegenüber Gestaltungs- oder Leistungsklagen subsidiär (vgl. § 41 Abs. 2 Satz 1 FGO), Ausnahme ist jedoch die Feststellung der Nichtigkeit eines VAs.

Beispiel Feststellungsklage mit dem Ziel festzustellen, dass jemand nicht Unternehmer ist und deshalb keine USt-Voranmeldungen abgeben muss.

Die Zulässigkeitsvoraussetzungen einer Klage vor dem FG ergeben sich im Wesentlichen aus den §§ 33, 40 bis 50, 63 bis 65, 72 FGO. Eine wichtige Voraussetzung ist gem. § 44 FGO die Notwendigkeit eines erfolglosen Vorverfahrens, von der es allerdings zwei wichtige Ausnahmen gibt:

- Gemäß § 45 FGO ist eine sog. **Sprungklage** ohne vorheriges Einspruchsverfahren möglich, um bei eindeutiger Tatsachengrundlage die gerichtliche Entscheidung über eine Rechtsfrage schneller herbeiführen zu können. Voraussetzung ist, dass das FA innerhalb eines Monats zustimmt und das Gericht die Sache nicht an das FA zurückgibt. Stimmt das FA nicht zu oder gibt das FG die Sache an das FA zurück, so wird das Vorbringen des Steuerpflichtigen als Einspruch behandelt, ohne dass er dagegen ein Rechtsmittel hätte.
- Auch eine **Untätigkeitsklage** (§ 46 FGO) ist ohne (abgeschlossenes) Vorverfahren möglich, wenn das FA ohne Mitteilung eines zureichenden Grundes nicht innerhalb

von mindestens sechs Monaten über einen Einspruch entschieden hat.

Mit Erhebung der Klage wird die Streitsache **rechtshängig** (§ 66 FGO), wodurch die Zuständigkeit des Gerichts festgelegt wird, sodass auch spätere Wohnsitzwechsel unbeachtlich sind. Ferner werden dadurch weitere Klagen in derselben Sache unzulässig. Die Verfügungsbefugnis der Verwaltung über die Sache bleibt jedoch bestehen, sodass das FA die Hauptsache durch eine Korrektur erledigen kann. In diesem Fall bleibt dem Gericht nur noch die Kostenentscheidung (§ 138 FGO). Aber auch unabhängig vom Klägervorbringen sind z. B. beim Vorliegen anderweitiger neuer Tatsachen Änderungen möglich (= Streitgegenstandsauswechslung, vgl. S. 162).

Das Gericht ist nicht an die Anträge der Parteien oder ihr Vorbringen gebunden, darf aber nicht zum Nachteil des Klägers verbösern und auch nicht das Klagebegehren überschreiten (§ 96 Abs. 1 Satz 2 FGO).

Beispiel Der Kläger trägt vor, es hätten nicht nur Werbungskosten i. H. von 2 000 €, sondern in Höhe von 4 000 € anerkannt werden müssen. Stellt das FG fest, dass ihm tatsächlich nur 1 000 € Werbungskosten zustanden, so darf es nicht die anzuerkennenden Werbungskosten herabsetzen, sondern kann nur die Klage abweisen, sodass es bei 2 000 € bleibt. Stellt das FG hingegen fest, dass tatsächlich Werbungskosten i. H. von 5 500 € anzuerkennen wären, so darf es dem Kläger aufgrund der Bindung an das Klagebegehren lediglich 4 000 € zusprechen.

Der angegriffene VA setzt somit die Grenze nach unten, das Klagbegehren die Grenze nach oben.

Die Möglichkeit der AdV besteht auch im Klageverfahren, es ist aber auch insoweit danach zu unterscheiden, wer die AdV gewährt (vgl. auch S. 176 f.). Die AdV ist gem. § 69 Abs. 2 FGO auch nach Erhebung der Klage zunächst beim FA zu beantragen, da dies den angefochtenen VA erlassen hat. Ist dies nicht geschehen, so ist auch ein Antrag beim FG unzulässig.

e) Das Revisionsverfahren bei dem BFH

Gegen Urteile des FG ist es möglich eine Revision einzulegen, wenn das FG dies **zulässt** (§ 115 Abs. 1 FGO). Erfolgt keine Revisionszulassung durch das FG, so besteht die Möglichkeit einer **Nichtzulassungsbeschwerde** beim BFH gem. § 116 Abs. 1 FGO.

Im Revisionsverfahren überprüft der BFH ausschließlich Rechtsfragen. Im Hinblick auf den Sachverhalt ist der BFH durch die Feststellungen des FG gebunden. Er entscheidet durch Urteil gem. § 126 FGO.

9. Erlöschen von Ansprüchen aus dem Steuerschuldverhältnis

Ansprüche aus dem Steuerschuldverhältnis (§ 37 AO) erlöschen gem. § 47 AO insb. durch

- Zahlung,
- Aufrechnung,
- Erlass (Festsetzungserlass, § 163 AO und Zahlungserlass, § 227 AO) und
- Verjährung (Festsetzungsverjährung, §§ 169 bis 171 AO und Zahlungsverjährung, §§ 228 bis 232 AO).

Sie erlöschen hingegen z. B. nicht durch Niederschlagung (§ 261 AO), Hinterlegung (§§ 241 f. AO) oder Aufteilung einer Gesamtschuld (§ 268 AO).

a) Zahlung

Durch Eingang der Zahlung bei der zuständigen Finanzbehörde erlischt der Anspruch aus dem Steuerschuldverhältnis. Voraussetzung ist, dass der Anspruch entstanden ist, fällig muss er hingegen noch nicht sein.

Die Zahlung führt auch zum **Erlöschen des Anspruchs** aus dem Steuerschuldverhältnis, wenn sie durch einen Dritten erbracht wird, wobei der Dritte deutlich machen muss, dass er die Zahlung für einen anderen leistet. Tut er dies, so ist bei späteren Erstattungen allerdings der Stpfl. und nicht der Dritte erstattungsberechtigt (vgl. § 37 Abs. 2 AO).

Die verschiedenen Zahlungsarten und der jeweilige Zahlungstag sind in § 224 Abs. 2 AO geregelt. Bestehen mehrere Schulden, so ergibt sich die Reihenfolge der Tilgung aus § 225 AO.

b) Aufrechnung

Aufrechnung ist die wechselseitige Tilgung zweier sich gegenüberstehender gleichartiger Ansprüche durch Verrechnung aufgrund einseitiger Erklärung eines der Beteiligten. Sie führt zum **Erlöschen beider Forderungen**, soweit sie sich aufrechenbar gegenüber stehen.

Für die Aufrechnung gelten die §§ 387 ff. BGB, soweit § 226 AO keine abweichende Regelung trifft.

(1) Aufrechnungslage

Das Bestehen einer Aufrechnungslage setzt vier Punkte voraus:

- **Gegenseitigkeit:** Sie liegt vor, wenn der Gläubiger der einen Forderung zugleich Schuldner der anderen Forderung ist. Folglich kann nicht mit Forderungen gegenüber Dritten aufgerechnet werden. Im steuerlichen Bereich gilt eine Besonderheit, da neben der sog. **Kassenidentität** auch die sog. **Verwaltungsidentität** gegeben sein kann (vgl. § 226 Abs. 4 AO). Innerhalb eines Bundeslandes können deshalb Ansprüche mit verschiedener Ertragshoheit aufgerechnet werden.
- **Gleichartigkeit:** Die Ansprüche müssen dem Gegenstand nach gleichartig sein; Hauptfall: Geld gegen Geld. Gleiche Höhe der Forderungen oder ein zwischen ihnen bestehender rechtlicher Zusammenhang ist nicht erforderlich.
- **Erfüllbarkeit der Forderungen:** Beide Forderungen müssen wirksam entstanden sein.
- **Fälligkeit der Gegenforderung:** Die Gegenforderung (= der Anspruch mit dem aufgerechnet wird) muss fällig sein. Gestundete oder in der Vollziehung ausgesetzte Steuern

sind nicht fällig. Gemäß § 226 Abs. 3 AO können Stpfl. nur mit unbestrittenen oder rechtskräftig festgestellten Ansprüchen aufrechnen. Die Hauptforderung (= die Forderung des Aufrechnungsgegners, die durch die Aufrechnung zum Erlöschen gebracht werden soll) muss hingegen nur entstanden sein.

(2) Aufrechnungserklärung

Damit die Wirkung der Aufrechnung eintritt muss bei bestehender Aufrechnungslage eine Aufrechnungserklärung ggü. dem anderen Teil abgegeben werden. Dabei handelt es sich um eine einseitige, empfangsbedürftige Willenserklärung, für die die volle Geschäftsfähigkeit erforderlich ist. Für die Erklärung bedarf es keiner bestimmten Form; es muss lediglich der **Aufrechnungswille** eindeutig erkennbar sein. Es handelt sich jedoch nicht um einen VA, sondern um ein (zivilrechtliches) schuldrechtliches Gestaltungsrecht. Im Streitfall muss das FA einen sog. **Abrechnungsbescheid** gem. § 218 Abs. 2 AO erteilen, der angefochten werden kann.

(3) Wirkung der Aufrechnung

Soweit sich die Forderungen decken, erlöschen sie (rückwirkend) in dem Zeitpunkt, in dem sie sich erstmalig zur Aufrechnung geeignet gegenüber standen. Folglich ist das erstmalige Bestehen der Aufrechnungslage maßgeblich, was insb. im Hinblick auf Zinsen und Säumniszuschläge zu beachten ist (§§ 238 Abs. 1 Satz 3, 240 Abs. 1 Satz 5 AO; AEAO zu § 226, Nr. 2).

c) Erlass

In seltenen Fällen können Steuern **aus Billigkeitsgründen** erlassen werden. Im Steuerrecht wird unterschieden zwischen dem Festsetzungserlass (§ 163 AO) und dem Zahlungserlass (§ 227 AO).

(1) Zahlungserlass, § 227 AO

(Zahlungs-)Erlass bedeutet einen Steuerverzicht, wenn die Einziehung der Steuer im Einzelfall unbillig wäre bzw. die erfolgte Einziehung einer Steuer unbillig war. Es kann sich dabei um eine sachliche oder eine persönliche Unbilligkeit handeln.

- Eine **sachliche Unbilligkeit** liegt vor, wenn nach dem Wortlaut der Gesetze Steuern auferlegt werden müssten, dies aber dem Sinn und Zweck der jeweiligen Steuergesetze widerspricht. Hat der Gesetzgeber eine Härte erkannt und bewusst in Kauf genommen, so schließt dies eine sachliche Unbilligkeit aus.
- Der häufigere Fall ist die **persönliche Unbilligkeit**, für die der Stpfl. erlassbedürftig und erlasswürdig sein muss. **Erlassbedürftigkeit** liegt vor, wenn im Falle der Versagung des Erlasses die wirtschaftliche Existenz des Stpfl. bzw. die Lebensgrundlage seiner Familie gefährdet wäre. **Erlasswürdig** ist der Stpfl., wenn die mangelnde Leistungsfähigkeit nicht selbst verschuldet und durch sein Verhalten nicht gegen die Interessen der Allgemeinheit verstoßen hat, d. h. insb. steuerehrlich war.

Bei dem Erlass handelt es sich um eine einspruchsfähige Ermessensentscheidung. Es sind allerdings Unterschiede nach den Steuerarten zu machen. Bei der USt und der LSt wird es i. d. R. nicht zu einem Erlass kommen, da diese Steuern nicht den Stpfl. belasten. Bei Steuern vom Einkommen ist hingegen die persönliche Leistungsfähigkeit zu berücksichtigen, sodass bei ihnen und bei steuerlichen Nebenleistungen ein Erlass eher denkbar ist.

(2) Festsetzungserlass, § 163 AO

Der Erlass durch abweichende Steuerfestsetzung weist dieselben Tatbestandsvoraussetzungen auf, wird jedoch dadurch erreicht, dass

- die Steuer niedriger festgesetzt wird,
- steuererhöhende Tatsachen nicht berücksichtigt werden oder
- steuerhöhende Besteuerungsgrundlagen später bzw. steuermindernde Besteuerungsgrundlagen früher berücksichtigt werden (§ 163 Abs. 1 Satz 2 AO).

Die letztgenannten Maßnahmen wirken meist nur stundungsähnlich.

d) Verjährung

Verjährung kann in Form der Festsetzungs- und der Zahlungsverjährung eintreten. Zwischen diesen beiden ist streng zu unterscheiden, da erstere dazu führt, dass ein bestimmter steuerlich relevanter Sachverhalt nicht mehr erfasst und deshalb der ursprünglich entstandene Anspruch (§ 38 AO) endgültig nicht mehr festgesetzt werden darf. Die Zahlungsverjährung bewirkt stattdessen, dass bereits wirksam festgesetzte Ansprüche aus dem Steuerschuldverhältnis erlöschen.

(1) Festsetzungsverjährung, §§ 169 bis 171 AO

Die §§ 169 bis 171 AO sind anwendbar auf Steueransprüche, gleichgestellte Ansprüche (z. B. Zinsen) und Haftungsansprüche (vgl. § 191 Abs. 3 Satz 1 AO). Mit dem Eintritt der Festsetzungsverjährung ist der Anspruch auf die Steuer bzw. den Steuermehr- oder minderbetrag erloschen, sodass

- die Steuer gem. § 169 Abs. 1 AO nicht mehr festgesetzt werden darf,
- der Stpfl. eine Steuerfestsetzung oder Steuervergütung (insb. eine Steuerminderung) nicht mehr erfolgreich beantragen kann und
- eine Aufhebung oder Änderung der Steuerfestsetzung nicht mehr zulässig ist.

Die **Festsetzungsfrist** beträgt bei Steuern gem. § 169 Abs. 2 AO grundsätzlich vier Jahre, wobei allerdings abweichende Regelungen bei Steuerhinterziehung (zehn Jahre), leichtfertiger Steuerverkürzung (fünf Jahre) und bei Zöllen und Verbrauchssteuern (ein Jahr) zu berücksichtigen sind.

Die **Verjährungsfrist** beginnt mit Ablauf des Kalenderjahres, in dem die Steuer entstanden ist (§ 170 Abs. 1 AO). Im Normalfall ist allerdings die **Anlaufhemmung** des § 170 Abs. 2 Satz 2 Nr. 1 AO zu beachten, die für Steuern gilt, für die eine Pflicht zur Einreichung einer Steuererklärung oder -anmeldung besteht. Diese Regelung gilt folglich gem. § 149 Abs. 1 Satz 1 AO i. V. m. §§ 25 Abs. 3 EStG, 18 Abs. 1 Satz 1 und Abs. 4 Satz 1 UStG, 49 Abs. 1 KStG und 14a GewStG für die Einkommen-, Umsatz-, Körperschaft- und Gewerbesteuer. In diesen Fällen beginnt die Verjährung mit Ablauf des Jahres der Abgabe der Steuererklärung, spätestens aber mit Ablauf des dritten Kalenderjahres, das auf das Jahr folgt, in dem die Steuer entstanden ist.

Beispiel W gibt seine ESt-Erklärung 03 erst am 15. 8. 07 ab. Wann beginnt die Festsetzungsverjährung?

Lösung Die ESt-Schuld ist mit Ablauf des Jahres 03 entstanden. Wegen der Verpflichtung zur Abgabe der ESt-Erklärung gem. § 149 Abs. 1 Satz 1 AO i. V. m. § 25 Abs. 3 EStG beginnt die Festsetzungsfrist mit Ablauf des 31. 12. 06 zu laufen.

Neben der Anlauf- sind auch die **Ablaufhemmungen** (§ 171 AO) zu beachten. Sie schiebt das Ende der Festsetzungsfrist hinaus, sodass keine neue Frist zu laufen beginnt, sondern die alte Frist angehalten wird und dann nach Wegfall der Hemmung weiter läuft.

Die einzelnen Ereignisse, die zu einer Ablaufhemmung führen, ergeben sich aus § 171 AO. Beispielhaft sind zu nennen Steuerfahndungsmaßnahmen (Abs. 5), Selbstanzeigen (Abs. 9), vorläufige Bescheide (Abs. 8) und Grundlagenbescheide (Abs. 10).

Bei **offenbaren Unrichtigkeiten** gilt Abs. 2, wobei sich der Umfang der Ablaufhemmung aus der offenbaren Unrichtigkeit ergibt. Für weitergehende Korrekturen gilt die reguläre Verjährung.

Auch im Falle eines **Änderungsantrages** (Abs. 3) reicht die Ablaufhemmung nur so weit wie der Antrag. Bei einem **Einspruch** oder einer **Klage** (Abs. 3a) hingegen bezieht sich die Hemmung auf den gesamten Steueranspruch, was für eine umfassende Prüfung und ggf. eine Verböserung auch erforderlich ist.

Im Falle einer rechtzeitig und wirksam begonnenen Außenprüfung (Abs. 4) gilt die Hemmung nur gegenüber dem Adressaten der Außenprüfung und in dem in der Prüfungsanordnung beschriebenen und faktisch auch geprüften Umfang.

In der Prüfung ist in folgender **Reihenfolge** vorzugehen:

1. Wann ist der reguläre Fristbeginn gem. § 170 Abs. 1 AO i. V. m. §§ 37, 38 AO und den Einzelsteuergesetzen?
2. Greift eine Anlaufhemmung gem. § 170 Abs. 2 bis 5 AO ein?
3. Wie lange dauert die Festsetzungsfrist gem. § 169 Abs. 2 AO?
4. Wann endet die reguläre Frist?
5. Greift eine Ablaufhemmung gem. § 171 AO ein?

(2) Die Zahlungsverjährung, §§ 228 bis 232 AO

Im Gegensatz zur Festsetzungsverjährung erfasst die Zahlungsverjährung alle Ansprüche aus dem Steuerschuldverhältnis und nicht nur die Steuer- und gleichgestellten Ansprüche. Durch sie erlöschen bereits entstandene und wirksam festgesetzte Ansprüche innerhalb von **fünf Jahren**, wenn sie nicht bezahlt werden. Dies führt – anders als im Zivilrecht – nicht nur zu einer Einrede, sondern zu einem echten Erlöschen der Zahlungspflicht (§ 232 AO).

Die Verjährungsfrist beträgt fünf Jahre (§ 228 Satz 2 AO), sie beginnt mit dem Ablauf des Kalenderjahres der erstmaligen Fälligkeit (§ 229 Abs. 1 Satz 1 AO), wird nur bei höherer Gewalt gehemmt (§ 230 AO), kann aber gem. § 231 AO unterbrochen werden. Diese Unterbrechung bewirkt gem. § 231 Abs. 3 AO, dass nach Beendigung der Unterbrechung am Jahresende eine neue Verjährungsfrist von fünf Jahren beginnt.

Die einzelnen Fälle der Unterbrechung ergeben sich aus § 231 Abs. 1 AO. Eine schriftliche Geltendmachung des Anspruchs erfordert z. B. ein schriftliches Leistungsgebot gem. § 254 AO oder eine Mahnung gem. § 259 AO; nicht ausreichend ist hingegen eine bloße Steuerfestsetzung. Vollstreckungsmaßnahmen i. S. des § 231 AO sind auch erfolglose Vollstreckungsmaßnahmen, nicht hingegen eine Niederschlagung (§ 261 AO).

10. Haftung

a) Der Begriff der Haftung

„Haftung" bedeutet im Steuerrecht, für eine **fremde** (Steuer-) **Schuld** mit dem eigenen Vermögen einstehen zu müssen. Folglich schließen sich Steuerschuld und Haftungsschuld gegenseitig aus. Steuer- und Haftungsschuldner sind allerdings **Gesamtschuldner** gem. § 44 Abs. 1 AO, wobei sich der Umfang der Haftung aus der jeweils einschlägigen Haftungsnorm ergibt.

Insoweit besteht ein erheblicher begrifflicher Unterschied zum Zivilrecht, in dem Haftung das Einstehen sowohl für eigene als auch für fremde Schuld bedeutet.

Es haftet eine Person (persönliche Haftung) oder eine Sache (Sachhaftung). Die steuerrechtliche Haftung setzt allerdings das Bestehen einer fremden Schuld begrifflich voraus, sodass der Haftungsanspruch **akzessorisch** ist. Fällt die Schuld weg, so gibt es auch keine Haftung mehr.

b) Die einzelnen Haftungsgründe

Es ist zu unterscheiden zwischen der Haftung kraft Gesetzes aufgrund einer öffentlich-rechtlichen Verpflichtung (§ 191 Abs. 1 AO) und der Haftung kraft Vertrages aufgrund einer privatrechtlichen Verpflichtung (§ 192 AO).

(1) Vertragliche Haftung

Eine vertragliche Haftung kann sich z. B. ergeben aus § 48 Abs. 2 AO i. V. m. einer Bürgschaft (§ 765 BGB), einem Schuldversprechen oder -anerkenntnis (§§ 780, 781 BGB). Die Geltendmachung der vertraglichen Haftung erfolgt gem. § 192 AO nach den Vorschriften des Zivilrechts.

(2) Gesetzliche Haftung

Die gesetzliche Haftung kann sich aus der AO, aus den Einzelsteuergesetzen oder aus dem Zivilrecht ergeben.

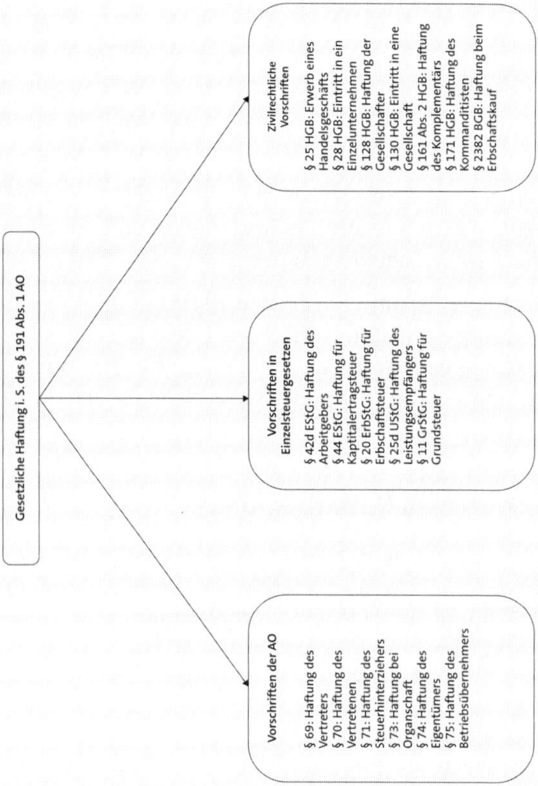

Aufgrund der Vielzahl der Haftungsnormen können und sollen hier nur die wichtigsten in angemessenem Umfang dargestellt werden.

(a) Haftung des Vertreters, § 69 AO

Durch § 69 AO wird eine als Schadensersatz anzusehende öffentlich-rechtliche Haftung für solche Personen begründet, die nach §§ 34, 35 AO steuerliche Pflichten für selbst nicht handlungsfähige Steuerschuldner zu erfüllen haben. Daraus ergibt sich auch, dass eine Haftung lediglich dann in Frage kommt, wenn tatsächlich ein Schaden entstanden ist.

In **persönlicher Hinsicht** ist die Haftung nach § 69 AO beschränkt auf

- **gesetzliche Vertreter** i. S. des § 34 Abs. 1 Satz 1 AO = z. B. Eltern (§ 1626 BGB), Vormund (§ 1793 BGB), Geschäftsführer einer GmbH (§ 35 GmbHG), Vorstand einer AG (§ 78 AktG), Vorstand eines eingetragenen Vereins (§ 26 Abs. 2 BGB),
- **Geschäftsführer einer nicht rechtsfähigen Personenvereinigung** i. S. des § 34 Abs. 1 Satz 1 AO = z. B. zur Vertretung berufene Gesellschafter einer OHG (§ 125 Abs. 1 HGB) oder KG (§ 161 Abs. 2 i. V. m. § 125 Abs. 1 HGB), Geschäftsführer einer GmbH & Co. KG, einer BGB-Gesellschaft (§ 714 BGB), Mitglieder einer Erbengemeinschaft oder eines nicht rechtsfähigen Vereins,
- **Vermögensverwalter** i. S. des § 34 Abs. 3 AO = z. B. Insolvenzverwalter (§3 56 ff. InsO), Nachlassverwalter (§ 1985 BGB), Testamentsvollstrecker (§§ 2197 ff. BGB) und
- **Verfügungsberechtigte** i. S. des § 35 AO = z. B. sog. faktische Geschäftsführer, Treuhänder, Prokuristen.

Die Verfügungsmacht kann folglich durch Gesetz, Rechtsgeschäft, gerichtliche oder behördliche Verfügung begründet werden. Gewillkürte Vertreter haften allerdings nur, soweit ihre Tätigkeit unter die §§ 34, 35 AO fällt.

Der Haftende muss seine Pflichten vorsätzlich oder grob fahrlässig verletzt haben. Die **Pflichtverletzung** muss sich auf die in den §§ 34, 35 AO genannten Pflichten beziehen, wobei insb. Auskunfts- (§ 93 AO), Anzeige- (§§ 137 ff. BGB) und Erklärungspflichten (§§ 149 ff. AO) sowie die Pflicht zur Zahlung der Steuern (§§ 224 ff. AO) zu nennen sind. Der Verfügungsberechtigte darf weiterhin den Fiskus nicht ggü. anderen Gläubigern benachteiligen, sodass er das FA zumindest anteilig befriedigen muss, wenn die zur Verfügung stehenden Mittel nicht ausreichen.

Beispiel Die P-GmbH verfügt nur noch über die erforderlichen Mittel zur Zahlung der Löhne, jedoch nicht mehr zur Zahlung der Lohnsteuer. Wie muss der Geschäftsführer der GmbH C vorgehen, um sich nicht nach § 69 AO haftbar zu machen?

Lösung Falls C die Löhne voll auszahlt, hingegen die Lohnsteuer nicht abführt, macht er sich haftbar. Folglich muss er die Löhne kürzen und die dementsprechend geminderte Lohnsteuer an das FA abführen.

Die Pflichtverletzung kann durch aktives Tun oder Unterlassen geschehen. Sie muss darüber hinaus **vorsätzlich** (mit Wissen und Wollen, vgl. S. 225 ff.) oder **grob fahrlässig** erfolgt sein, d. h. dass der Handelnde die Sorgfalt in ungewöhnlich großem Maße verletzt hat, zu der er nach seinen persönlichen Kenntnissen und Fähigkeiten verpflichtet und imstande ist. Das

Verschulden muss sich dabei auf die Pflichtverletzung, nicht aber auf deren Folgen beziehen.

Problematisch sind Fälle, in denen mehrere Personen beteiligt sind. Generell kann das Verschulden von **Hilfspersonen** z. B. nicht einem Geschäftsführer zugerechnet werden. Er ist allerdings gehalten, die jeweiligen Personen gewissenhaft auszuwählen und zu überwachen, um für eine pünktliche Erledigung der steuerlichen Angelegenheiten und insb. die Steuerzahlung zu sorgen. Bei Steuerberatern ist diese **Überwachungspflicht** stark herabgesetzt. In Fällen einer mehrköpfigen Vertretung haften prinzipiell alle Vertreter. Etwas anderes gilt lediglich bei klaren, eindeutigen Zuständigkeitsvereinbarungen, die die Haftung des nicht zuständigen Vertreters ausschließen können.

Durch das schuldhafte Verhalten muss ein **Haftungsschaden** eingetreten sein. Der Haftungsschaden tritt dadurch ein, dass die Ansprüche aus dem Steuerschuldverhältnis nicht vollständig oder nicht rechtzeitig festgesetzt oder erfüllt (= gezahlt) werden oder Erstattungen oder Vergütungen zuunrecht erfolgen. Für diesen Schaden muss die Pflichtverletzung auch kausal sein, was nicht der Fall ist, wenn auch bei pflichtgemäßem Verhalten der Schaden entstanden wäre, weil z. B. im Zeitpunkt der Anmelde- und Zahlungspflicht schon keine finanziellen Mittel mehr vorhanden waren.

Folglich geht die Haftung nur soweit, wie der Vertreter aus den ihm zur Verfügung stehenden Mitteln die Steuerschuld hätte tilgen können.

Die Haftung nach § 69 AO ist in mehrfacher Hinsicht beschränkt:

- **Inhaltliche Beschränkung:** Der Umfang der Haftung erstreckt sich auf Ansprüche aus dem Steuerschuldverhältnis gegen den Vertretenen. Dabei handelt es sich um Steueransprüche und Ansprüche auf steuerlichen Nebenleistungen. Durch § 69 Satz 2 AO werden auch ausdrücklich Säumniszuschläge (§ 240 AO) einbezogen. Der Vertreter haftet auch für Haftungsansprüche gegen den Vertretenen.
- **Zeitliche Beschränkung:** Von § 69 AO sind nur Ansprüche erfasst, die während der Pflichtverletzung entstanden sind. Eine Erweiterung gilt lediglich für Säumniszuschläge, die auf die Pflichtverletzung des Vertreters zurückgehen.

Bei vorsätzlichem Verhalten des Vertreters kann die Haftung nach § 69 AO neben der nach § 71 AO bestehen.

(b) Haftung des Vertretenen, § 70 AO

Nach § 70 AO haftet der Vertretene, wenn der Vertreter (§§ 34, 35 AO) in Ausübung seiner Pflichten an einer Steuerhinterziehung oder leichtfertigen Steuerverkürzung beteiligt ist und hierdurch Steuer- oder Haftungsschuldner wird. Dies gilt aber gem. § 70 Abs. 1 AO nur soweit, wie der Vertretene nicht selbst Steuerschuldner des verkürzten Anspruchs ist.

Es ist unbeachtlich, ob der Vertreter Täter oder Teilnehmer (vgl. S. 228 ff.) der Steuerhinterziehung ist. Die Haftung bezieht sich auf die durch die Tat verkürzten Steuern und die zuunrecht gewährten Steuervorteile.

Zu beachten sind die in § 70 Abs. 2 AO geregelten Haftungsausschlüsse.

§ 70 AO hat größere Bedeutung im **Zoll- und Verbrauchssteuerrecht**. Im Bereich der Besitz- und Verkehrssteuern hat die Norm geringe Bedeutung, da hier der Vertretene meist selbst Steuerschuldner ist und somit die Haftung nach § 70 Abs. 1 AO ausscheidet. In Betracht käme zwar auch eine Anwendung bei Abzugssteuern, wobei insoweit i. d. R. Haftungsnormen eingreifen, die als speziellere Regelungen den § 70 AO verdrängen; Bsp.: §§ 42d Abs. 1, 50a Abs. 5 EStG.

(c) Haftung bei Steuerhinterziehung, § 71 AO

Gemäß § 71 AO haftet der **Täter oder Teilnehmer einer Steuerhinterziehung** für die Steuern, die er hinterzogen oder zu deren Hinterziehung er kausal beigetragen hat, und die Hinterziehungszinsen.

Der Haftungsschuldner kann allerdings nicht zugleich Steuerschuldner sein, sodass § 71 AO nur diejenigen erfasst, die zugunsten eines Dritten Steuern hinterzogen, ihn dazu angestiftet oder ihm Hilfe geleistet haben. Die praktische Bedeutung liegt dementsprechend insb. in den Fällen, in denen gesetzliche Vertreter oder Bevollmächtigte für einen Vertretenen Steuern hinterziehen.

Beispiel Der Geschäftsführer oder Prokurist hinterzieht Steuern für seine GmbH. Der steuerliche Berater gibt bewusst für seinen Mandanten eine falsche Steuererklärung ab. Der Unternehmer stellt für einen anderen Unternehmer eine Scheinrechnung aus, die dieser in seine Buchführung einbringt und steuerlich geltend macht.

Voraussetzung der Haftung nach § 71 AO ist, dass eine vollendete Steuerhinterziehung oder Steuerhehlerei vorliegt. Dies muss dem Haftungsschuldner auch nach abgabenrechtlichen Kriterien – allerdings unter Berücksichtigung der Unschuldsvermutung (vgl. S. 214) – nachgewiesen werden. Der Haftungsschuldner muss daran als Täter, Mittäter, Anstifter oder Gehilfe (vgl. S. 228 ff.) beteiligt gewesen sein. Da eine strafrechtliche Verfolgung jedoch nicht erforderlich ist, schließt eine **Selbstanzeige** die Haftung nach § 71 AO nicht aus.

Die Haftung erstreckt sich auf die hinterzogenen Steuern bzw. die zuunrecht gewährten Steuervorteile und auf die Hinterziehungszinsen i. S. des § 235 AO, nicht hingegen auf Säumniszuschläge.

Die Haftung umfasst aber nur diejenigen Steuerausfälle, die dem Fiskus auch bei steuerehrlichem Verhalten zugeflossen wären. Folglich ist nur eine begrenzte oder keine Haftung angezeigt, wenn der Steuerpflichtige bereits bei Tatbegehung ganz oder teilweise nicht in der Lage war, die Steuer zu zahlen und auch eine Vollstreckung vergeblich gewesen wäre. Ferner bezieht sich die Haftung nur auf den Schaden, für den der Haftende kausal wurde.

Die Haftung wird ferner durch die Reichweite des Vorsatzes des Haftenden beschränkt.

Die Haftung nach § 71 AO ist ggf. neben der nach § 69 AO anwendbar.

(d) Haftung bei Organschaft, § 73 AO

Nach h. M. wird gem. § 73 AO dem Umfang nach für alle Steuern des Organträgers gehaftet, für die ein Organverhältnis (sog. Organschaft) steuerlich von Bedeutung ist. Folglich haftet eine **Organgesellschaft** für alle innerhalb des Organkreises entstehenden Steuern unabhängig davon, bei wem die Steuer ohne das Bestehen der Organschaft angefallen wäre und wo sie verursacht wurde. Die einzige Voraussetzung ist das Vorliegen eines **Organschaftsverhältnisses**, das sich nach dem für die jeweilige Steuer maßgeblichen Einzelsteuergesetz bestimmt (z. B. § 2 Abs. 2 Nr. 2 UStG, § 14 KStG, § 2 Abs. 2 GewStG). Zusammenfassend lässt sich jedoch sagen, dass eine Organschaft vorliegt, wenn eine Kapitalgesellschaft (Organgesellschaft) nach dem Gesamtbild der tatsächlichen Verhältnisse finanziell, wirtschaftlich und organisatorisch in ein anderes Unternehmen (Organträger) eingegliedert ist. Die Organgesellschaft ist dabei dem Willen des Organträgers derart untergeordnet, dass sie keinen eigenen Willen hat.

Organ kann nur eine inländische Kapitalgesellschaft sein, Organträger hingegen jedes inländische gewerbliche Unternehmen.

Die Haftung nach § 73 AO umfasst die Steueransprüche, die zu einem Zeitpunkt entstanden sind, in dem das Organschaftsverhältnis bestand. Erstattungsansprüche von Steuervergütungen stehen den Steueransprüchen gem. § 73 Satz 2 AO gleich.

(e) Haftung des Eigentümers von Gegenständen, § 74 AO

§ 74 ermöglicht es, die wesentlich beteiligten Gesellschafter in Haftung zu nehmen, die einem Unternehmen Wirtschaftsgüter zur Verfügung stellen, die nicht dem Unternehmer, sondern dem **wesentlich Beteiligten** gehören. Dadurch soll erreicht werden, dass die Vollstreckung von Betriebsschulden eines Unternehmens nicht dadurch unmöglich wird, dass alle pfändbaren, dem Unternehmen dienenden Gegenstände einem anderen als dem Unternehmer gehören (sog. Durchgriffshaftung).

Der **Haftungstatbestand** des § 74 AO setzt voraus, dass Gegenstände einem Unternehmen dienen, aber nicht dem Unternehmer, sondern einem am Unternehmen wesentlich Beteiligten gehören. Der Begriff des **Unternehmens** ist nach umsatzsteuerlichen Gesichtspunkten zu bestimmen, d. h. jede organisatorische Zusammenfassung von persönlichen und sächlichen Mitteln zur Verfolgung eines wirtschaftlichen oder ideellen Zwecks, die über eine substanzielle Betriebsorganisation verfügt.

Nach dem Wortlaut des § 74 AO umfasst der Begriff der **Gegenstände** entsprechend § 90 BGB sowohl körperliche Gegenstände (Sachen) als auch immaterielle Güter (Rechte). Der AEAO zu § 74 Nr. 1 Satz 2 geht hingegen davon aus, dass immaterielle Wirtschaftsgüter nicht haften.

Die Gegenstände **dienen dem Unternehmen**, wenn sie in einem gewissen objektiven Zusammenhang mit dem Unternehmen stehen und den Unternehmenszweck zu fördern bestimmt und geeignet sind.

Eine **wesentliche Beteiligung** besteht, wenn die unmittelbare oder mittelbare Beteiligung am Grund- oder Stammkapitals oder am Vermögen des Unternehmens mehr als 25 % beträgt. Maßgeblich ist insoweit eine wirtschaftliche Betrachtung.

Beispiel T ist am Stammkapital der J-GmbH unmittelbar zu 10% beteiligt. Er hält zudem eine 50 %ige Beteiligung am Grundkapital der H-AG, die wiederum zu 20 % am Stammkapital der J-GmbH beteiligt ist. Zum 1. 1. 08 erwirbt T weitere 30% am Grundkapital der H-AG. Ist T wesentlich an der J-GmbH beteiligt?

Lösung Ursprünglich lag die unmittelbare Beteiligung des T bei 10 %. Dazu verfügte er noch über eine mittelbare Beteiligung i. H. von 10 % aufgrund seiner 50 %igen Beteiligung an der H-AG (50% von 20 %). Zusammengerechnet ergeben die unmittelbare und die mittelbare Beteiligung somit 20 %, sodass bis zum 1. 1. 08 keine wesentliche Beteiligung vorlag. Zu diesem Datum erwirbt T jedoch weitere Anteile an der H-AG, sodass seine mittelbare Beteiligung an der J-GmbH auf 16 % steigt (80 % von 20 %). Seine Beteiligung an der J-GmbH steigt damit auf 26 % und ist damit eine wesentliche Beteiligung i. S. des § 74 AO.

Die Haftung erstreckt sich (nur) auf **alle Betriebssteuern** (insb. USt und GewSt) und **Erstattungen von Steuervergütungen**, sie erfasst hingegen nicht die LSt der Arbeitnehmer, selbst wenn diese pauschaliert wird. Zeitlich sind nur die die Steuern von § 74 AO erfasst, die in der Zeit entstanden sind, in der die Tatbestandsmerkmale des § 74 AO erfüllt waren.

Gegenständlich ist die Haftung auf die Gegenstände beschränkt, die dem Unternehmen während der Dauer der wesentlichen Beteiligung zur Verfügung gestellt wurden.

(f) Haftung des Betriebsübernehmers, § 75 AO

Wird ein Unternehmen oder ein in der Gliederung eines Unternehmens gesondert geführter Betrieb im Ganzen übereignet, so haftet der Erwerber nach § 75 Abs. 1 Satz 1 AO für bestimmte **Betriebssteuern** und für **Steuerabzugsbeträge** des

Veräußerers. Dadurch soll verhindert werden, dass betriebsbezogene Steuerschulden verloren gehen, wenn der Betrieb den Eigentümer wechselt.

Es handelt sich hierbei um eine persönliche Haftung des Betriebsübernehmers, die allerdings betragsmäßig auf den Wert des übernommenen Vermögens beschränkt ist. Da es sich um einen öffentlich-rechtlichen Haftungstatbestand handelt, kann er nicht durch eine Vereinbarung zwischen Erwerber und Veräußerer abbedungen werden.

Der **Haftungstatbestand** des § 75 Abs. 1 Satz 1 AO setzt voraus, dass ein lebendes Unternehmen oder ein lebender Teilbetrieb im Ganzen auf einen Erwerber übereignet wird.

Ein **Unternehmen** ist jede organisatorische Zusammenfassung von persönlichen oder sächlichen Mitteln zur Verfolgung eines wirtschaftlichen oder ideellen Zwecks. Diese Definition ist identisch mit der des § 2 Abs. 1 UStG, sodass darunter auch gewerbliche oder berufliche selbständig ausgeübte Tätigkeiten fallen.

Ein **Teilbetrieb** ist jeder mit einer gewissen Selbständigkeit ausgestattete, organisatorisch geschlossene Teil eines Gesamtunternehmens, der für sich allein lebensfähig ist. Folglich muss eine getrennte selbständige Geschäftsführung bestehen und der Teilbetrieb muss nach außen als abgeschlossener Betrieb in Erscheinung treten. Dementsprechend muss der Erwerber in der Lage sein, den Teilbetrieb ohne große Umstellung fortzuführen.

Beispiel Zwei örtlich getrennte Restaurants mit eigenem Einkauf und eigener Leitung.

Das Unternehmen oder der Teilbetrieb müssen **„leben"**, d. h. im Zeitpunkt des Übergangs muss der Erwerber in der Lage sein, den Betrieb in der bisherigen Art ohne nennenswerte zusätzliche Aufwendungen fortzuführen. Auch bei einem stillgelegten Unternehmen ist dies der Fall, wenn der Erwerber es ohne größere Schwierigkeiten und Aufwendungen wieder in Gang bringen kann.

Das Unternehmen oder der Teilbetrieb muss im Ganzen übereignet werden. Damit eine **Übereignung** i. d. S. vorliegt, muss der Erwerber in der Lage sein, wirtschaftlich wie ein Eigentümer über den Betrieb zu verfügen. Dies ist der Fall, wenn dem Erwerber das Eigentum an den jeweiligen Wirtschaftsgütern gem. §§ 929 ff. BGB (bewegliche Sachen) und §§ 873, 925 (unbewegliche Sachen) verschafft wird und Forderungen abgetreten werden (§§ 398 ff. BGB).

Sofern Wirtschaftsgüter nicht zivilrechtlich übereignet werden können, muss dem Erwerber die gleiche Rechtsposition übertragen werden, die der Veräußerer hatte.

Beispiel Bezüglich Erfahrungen, technischem Know-How, geheimen und patentrechtlich nicht geschützten Herstellungsverfahren reicht die Einweisung des Erwerbers aus. Kundenlisten und Lieferantenbeziehungen sind bekannt zu geben. Bei Nutzungsrechten, die zu den wesentlichen Betriebsgrundlagen gehören (z. B. Miet- und Pachtrechte), muss der Betriebsübernehmer unter Mitwirkung des bisherigen Betriebsinhabers mit dem Vermieter oder Verpächter einen entsprechenden Nutzungsvertrag abschließen.

Maßgeblich ist für die Übereignung i. S. des § 75 AO allerdings nicht eine zivilrechtliche, sondern eine wirtschaftliche Betrachtungsweise. Der Erwerber muss also die tatsächliche Sachherrschaft übernehmen und sich das Unternehmen wirtschaftlich zuführen. Folglich kommt eine Haftung nach § 75 Abs. 1 Satz 1 AO auch dann in Betracht, wenn der Erwerber durch Vereinbarung mit dem bisherigen Unternehmer das wirtschaftliche Herrschaftsverhältnis über Betriebvermögen erlangt, das in fremdem Sicherungseigentum steht.

Beispiel U nutzte in seinem Betrieb Maschinen, die der D-Bank zur Sicherheit übereignet sind. Die in seinem Lager befindlichen Waren stehen unter dem Eigentumsvorbehalt der Lieferanten. Wie ist eine Übertragung des Unternehmens im Ganzen auf den Erwerber E möglich?

Lösung U kann das Eigentum an den Maschinen und den Waren nicht übertragen, da er nicht Eigentümer ist. Er kann aber die Übertragung insofern vornehmen, dass E mit Zustimmung der jeweiligen Vertragspartner in die insoweit bestehenden Verträge und die bisherige Rechtsstellung des U eintritt. Folglich ist das wirtschaftliche Eigentum an den Maschinen und den Waren auf E übergegangen.

Es reicht hingegen nicht aus, wenn der Veräußerer gewisse Sachen, die in seinem Eigentum stehen, nicht an den Erwerber überträgt, sondern sie ihm nur vermietet oder verpachtet.

Die Übereignung an einen Erwerber kann auch in mehreren **Teilschritten** erfolgen, wenn die einzelnen Teilakte in einem wirtschaftlichen Zusammenhang stehen und der Wille des Erwerbers auf den Erwerb des Unternehmens im Ganzen gerichtet ist. Für Erwerbe aus einer Insolvenzmasse oder im Vollstreckungsverfahren ist gem. § 75 Abs. 2 AO die Haftungs des Betriebsübernehmers ausgeschlossen.

Das Erfordernis der **Übereignung im Ganzen** bedeutet aber nicht, dass wirklich alles übergehen muss, sondern gemeint sind nur die wesentlichen Grundlagen des Unternehmens oder Betriebs. Die Zurückbehaltung einzelner unbedeutender Gegenstände durch den Veräußerer schließt somit eine Haftung nach § 75 Abs. 1 Satz 1 AO nicht aus.

Was zu den **wesentlichen Grundlagen** eines Unternehmens oder eines Teilbetriebes gehört, hängt von den Umständen des Einzelfalls (z. B. Wirtschaftszweig und Art des Unternehmens) ab. Trotz der mit den Unschärfen dieses Begriffs verbundenen Probleme wird man generell sagen können, dass die wesentlichen Betriebsgrundlagen auf den Erwerber übergegangen sind, wenn dieser dadurch in die Lage versetzt wurde, den Betrieb in der bisherigen Art weiterzuführen. In der Regel handelt es sich dabei um das Betriebsgrundstück, das Betriebsgebäude, die Werkstatt, die Maschinen, den Kundenstamm, Geschäftsverbindungen, das Fachpersonal.

Beispiel Zählt das Warenlager eines Obst- und Gemüsehändlers zu den wesentlichen Grundlagen des Unternehmens?

Lösung Das Warenlager wird i. d. R. zu den wesentlichen Betriebsgrundlagen zählen, da ein Erwerber eines Ladengeschäfts normalerweise ohne das Lager den Betrieb nicht in der bisherigen Art fortführen kann. Etwas anderes dürfte allerdings bei einem Obst- und Gemüsehändler gelten, da aufgrund der Art der Waren eine Lagerhaltung ohnehin nur in geringem Umfang möglich ist und ständig neue und frische Ware beschafft werden muss.

Nicht wesentliche Grundlagen sind i. d. R. Forderungen und Verbindlichkeiten.

Die Haftung aus § 75 Abs. 1 Satz 1 AO ist in mehrfacher Hinsicht beschränkt:

- **Zeitliche Beschränkung:** Die Haftung ist zeitlich begrenzt auf die Ansprüche, die seit Beginn des letzten, vor der Übereignung liegenden Kalenderjahres entstanden sind. Diese Ansprüche müssen auch innerhalb von einem Jahr nach Anmeldung des Betriebes durch den Erwerber festgesetzt oder angemeldet worden sein.
- **Inhaltliche Beschränkung:** Die Haftung ist beschränkt auf betriebliche Steuern (insb. USt und GewSt) und Steuerabzugsbeträge. Steuerliche Nebenleistungen werden nicht erfasst.
- **Gegenständliche Beschränkung:** Gemäß § 75 Abs. 1 Satz 2 AO ist die Haftung beschränkt auf den Bestand des übernommenen Vermögens. Der Erwerber muss folglich diese Vermögensgegenstände oder die an ihre Stelle getretenen Ersatzgegenstände herausgeben (sog. **Surrogathaftung**). Werden hingegen Wirtschaftsgüter verkauft und mit dem Erlös aus diesem Verkauf andere Güter erworben, so erstreckt sich die Haftung nach § 75 AO nicht auf diese.

(g) LSt-Haftung des Arbeitgebers, § 42d EStG

Der Arbeitgeber haftet gem. § 42d Abs. 1 EStG für die LSt, wenn er sie nicht ordnungsgemäß einbehält oder abführt (§§ 38, 41a EStG), sie beim Jahresausgleich zuunrecht erstattet (§ 42b EStG) oder falsche Aufzeichnungen oder Bescheinigungen ausstellt. Insoweit ist es ohne Bedeutung, dass der Arbeitnehmer Schuldner der LSt ist. Die Haftung nach § 42d EStG umfasst allerdings ausschließlich die LSt, nicht etwaige Nebenleistungen (z. B. Säumniszuschläge).

(h) Haftung des Erwerbers eines Handelsgeschäfts, § 25 HGB

§ 25 HGB ist eine handelsrechtliche Norm, die dem zivilrechtlichen **Gläubigerschutz** dient. Gem. § 191 Abs. 1 AO gilt § 25 HGB aber auch für Ansprüche aus dem Steuerschuldverhältnis und steht völlig selbständig neben den steuerlichen Haftungsnormen. § 25 HGB weist eine gewisse Nähe zu § 75 AO auf, wobei es aufgrund der unterschiedlichen Tatbestände zu unterschiedlichen Ergebnissen kommen kann.

Der **Haftungstatbestand** des § 25 HGB setzt voraus, dass ein betriebsfähiges Handelsgeschäft unter Lebenden rechtsgeschäftlich erworben wurde und dessen wesentlicher Kern unter der bisherigen Firma (§ 17 HGB) tatsächlich fortgeführt wird.

Der Erwerb kann z. B. durch Kauf, Pacht oder Schenkung erfolgen. Es muss sich um ein kaufmännisches Handelsgeschäft handeln (vgl. § 1 Abs. 2 HGB), das unter der bisherigen **Firma** (= Namen) fortgeführt wird, denn dadurch wird ein Rechtsschein begründet, auf dem die Haftung nach § 25 Abs. 1 HGB beruht. Die Firma wird fortgeführt, wenn der Erwerber durch sein Auftreten im Geschäftsverkehr die Kontinuität der Firma in ihrem wesentlichen Kern ersichtlich macht, sodass Zusätze wie „Nachfolger" oder geringfügige Änderungen der Gesellschaftsform unbeachtlich sind.

Der Erwerber haftet für alle im Betrieb des Handelsgeschäfts begründeten Verbindlichkeiten, also insb. die **Betriebssteuern** (insb. USt und LSt) und die **Steuerabzugsbeträge** i. S. des § 75 Abs. 1 AO, darüber hinaus aber auch für alle weiteren, mit dem Geschäftsbetrieb in wirtschaftlichem Zusammenhang stehenden Steuern, Steuerabzugsbeträge und steuerliche Nebenleistungen.

Der Erwerber haftet nicht nur mit dem erworbenen Handelsgeschäft, sondern mit seinem gesamten Vermögen.

Die Haftung kann gem. § 25 Abs. 2 HGB ausgeschlossen werden durch eine entsprechende Vereinbarung zwischen Veräußerer und Erwerber. Diese Vereinbarung ist allerdings Dritten gegenüber nur wirksam, wenn sie ins Handelsregister eingetragen und bekannt gemacht wird oder einzelnen Gläubigern gegenüber mitgeteilt wird. Kann die Haftung jedoch auch auf § 75 AO gestützt werden, so entfaltet der Haftungsausschluss faktisch keine Wirkung, da die Haftung nach § 75 AO nicht ausgeschlossen werden kann.

c) Der Haftungsbescheid

Die Haftung kraft Gesetzes wird gem. §§ 191 Abs. 1, 218 Abs. 1 AO durch einen VA, den sog. Haftungsbescheid geltend gemacht. Über diese Geltendmachung ist im Hinblick auf das Entschließungsermessen (das Ob der Geltendmachung) und das Auswahlermessen (gegen wen und in welcher Höhe) nach **pflichtgemäßem Ermessen** zu entscheiden. Aus welcher Norm der Haftungsanspruch basiert ist dafür unerheblich.

Der Haftungsbescheid ist kein Steuerbescheid und diesem auch nicht gleichgestellt, sodass z. B. für Änderungen die §§ 129 bis 131 AO Anwendung finden, und nicht die §§ 172 bis 177 AO.

Gemäß § 91 Abs. 1 AO hat der potentielle Haftungsschuldner vor Erlass eines Haftungsbescheides einen Anspruch auf rechtliches Gehör.

Trotz der **Akzessorität der Haftung** kann ein Haftungsbescheid aufgrund zivilrechtlicher Normen auch ergehen, ohne dass zuvor ein Steuerbescheid erlassen wurde, vgl. § 191 Abs. 4 AO. Ein Haftungsbescheid kann jedoch gem. § 191 Abs. 5 AO nicht mehr ergehen (Ausnahme: Steuerhinterziehung des Haftungsschuldners), wenn die Steuer gegen den Steuerschuldner

- wegen Festsetzungsverjährung nicht mehr festgesetzt werden kann,
- wegen Zahlungsverjährung nicht mehr beigetrieben werden kann oder
- erlassen worden ist.

Die **Inhalte des Haftungsbescheides** ergeben sich aus §§ 191 Abs. 1 Satz 3, 119 Abs. 1 und 3, 121 Abs. 1 AO. Danach

- ist Schriftform erforderlich,
- der Bescheid muss inhaltlich hinreichend bestimmt sein (Bezeichnung des Haftungsschuldners und der Steuer, für die gehaftet werden soll),
- die den Bescheid erlassene Behörde muss zu erkennen sein,
- es bedarf einer Begründung des Bescheides (Darlegung des die Haftung begründenden Sachverhalts, der Rechtsgrundlage für die Haftung und der Ermessenserwägungen) und
- gesetzlich nicht vorgeschrieben, aber im Hinblick auf § 356 Abs. 2 AO ist auch eine Rechtsbehelfsbelehrung geboten.

Für ein **Leistungsgebot** im Haftungsbescheid und die Inanspruchnahme des Haftungsschuldners ist § 219 Satz 1 AO zu beachten, wonach der Haftungsschuldner erst in Anspruch genommen werden kann, wenn die Vollstreckung in das bewegliche Vermögen des Steuerschuldners erfolglos geblieben ist; Ausnahmen gem. § 219 Satz 2 AO.

11. Grundzüge des Steuerstraf- und -ordnungswidrigkeitenrechts

a) Vorbemerkungen

Die §§ 369 ff. AO enthalten zwar zahlreiche strafrechtliche Regelungen, aber allein aus ihnen ergibt sich nicht, ob jemand z. B. eine Steuerhinterziehung begangen hat. Vielmehr ist erst durch die Einbeziehung des allgemeinen Strafrechts (vgl. § 369 Abs. 2 AO) und des besonderen Steuerrechts festzustellen, ob z. B. eine Steuer verkürzt wurde.

Steuerliche Auswirkungen einer Hinterziehung ergeben sich insb. aus § 173 Abs. 2 AO bzgl. der Änderungsmöglichkeiten, §§ 169 Abs. 2 Satz 1, 171 Abs. 7 AO bzgl. der Festsetzungsverjährung, § 235 bzgl. der Verzinsung und §§ 71, 219 Satz 2 AO bzgl. der Haftung.

(1) Besonderheiten des Straf- und Strafprozessrechts

Das steuerliche Verfahren richtet sich nach der AO (vgl. § 393 Abs. 1 AO), das Steuerstrafverfahren hingegen nach dem Strafprozessrecht und den §§ 385 ff. AO. Dies führt u. a. im Hinblick auf die unterschiedlichen Ziele der Verfahren zu erheblichen Unterschieden.

So kann der Beschuldigte im Strafverfahren nicht zur **Mitwirkung** verpflichtet werden, sondern darf schweigen, ohne dass ihm daraus Nachteile entstehen (vgl. § 136 StPO). Seine steuerlichen Mitwirkungspflichten bleiben zwar während des laufenden Strafverfahrens bestehen, sie können jedoch gem. § 393 Abs. 1 Satz 2 AO nicht mehr erzwungen werden, wenn der Beschuldigte dadurch genötigt würde, sich selbst wegen einer von ihm begangenen Steuerstraftat oder -ordnungswidrigkeit zu belasten. Folglich kann der Beschuldigte auch im Besteuerungsverfahren bzgl. des Zeitraums, der Gegenstand des Strafverfahrens ist, ohne Nachteil schweigen.

Auch im Hinblick auf den **Beweismaßstab** ergeben sich Unterschiede. Im steuerlichen Verfahren entscheidet das Finanzgericht nach seiner freien, aus dem Gesamtergebnis des Verfahrens gewonnenen Überzeugung. Dabei sind nicht aufklärbare Sachverhalte nach den Regeln der sog. objektiven Beweislast derjenigen Partei angelastet, die einen Erhöhungs- oder Minderungstatbestand nicht beweisen kann.

Im Strafprozess gilt hingegen der Grundsatz **„in dubio pro reo"** (im Zweifel für den Angeklagten) für den Fall, dass sich der Richter über entscheidungserheblichen Tatsachen trotz der Ausschöpfung aller Beweismittel keine Klarheit verschaffen kann. Verbleiben vernünftige Zweifel, so sind diese immer zugunsten des Angeklagten zu werten.

Auch bei **Schätzungen** bestehen erhebliche Unterschiede, da im Hinblick auf den bereits angesprochenen Beweismaßstab im Strafverfahren zahlreiche steuerliche Schätzungsmethoden nicht anwendbar sind bzw. ihnen kein hinreichender Beweiswert zukommt. Auch für die mit einer Schätzung im Besteuerungsverfahren nach § 162 AO verbundene Reduzierung des Beweismaßstabs ist im Steuerstrafverfahren kein Raum.

Darüber hinaus gilt das Strafrecht nur für natürliche Personen, da es auf deren Handlungen abstellt. **Juristische Personen** sind im strafrechtlichen Sinn nicht handlungsfähig. Folglich können Sie auch nicht Beschuldigte in einem Strafverfahren sein und mit Kriminalstrafe belegt werden. Die steuerrechtliche Abgrenzung, nach der juristische Personen z. B. auch Steuersubjekte sein können, hat im Steuerstrafrecht keine Bedeutung.

(2) Das materielle Strafrecht

Weitere Unterschiede ergeben sich aus dem im StGB geregelten materiellen Strafrecht. So ist das Vorliegen einer vollendeten Steuerstraftat wie folgt zu prüfen:

1. Tatbestand
   a) Objektiver Tatbestand
      -Handeln oder Unterlassen
      - Erfolg
      - Kausalität
   b) Subjektiver Tatbestand = Vorsatz
2. Rechtswidrigkeit
3. Schuld

Damit der Tatbestand erfüllt sein kann, ist zunächst eine **Handlung** erforderlich, da bloße Gesinnungen nicht bestraft werden.

Eine Handlung i. S. des Strafrechts ist jedes willensgetragene menschliche Verhalten, sodass es sich sowohl um ein aktives Tun als auch um ein Unterlassen handeln kann (Bsp.: § 370 Abs. 1 Nr. 2 AO). Die Verwirklichung eines Straftatbestandes durch Unterlassen kommt allerdings nur in Frage, wenn den Täter eine Pflicht zum Handeln trifft, wie z. B. die Pflicht zur Abgabe einer Steuererklärung. Eine weitere Voraussetzung der Tatbestandsmäßigkeit ist der Eintritt des **Erfolgs**, also im Rahmen des § 370 AO z. B. die Verkürzung von Steuern. Dieser Erfolg muss durch die Handlung **kausal** verursacht worden sein. Ist der Erfolg nicht eingetreten, so kommt eine Strafbarkeit wegen Versuchs in Betracht (vgl. dazu S. 231 ff.).

Neben dem objektiven Tatbestand muss auch der **subjektive Tatbestand** erfüllt sein, d. h. im Rahmen des § 370 AO, der Täter muss vorsätzlich handeln. **Vorsatz** ist zu bejahen, wenn der Täter bzgl. des objektiven Tatbestandes mit Wissen und Wollen handelte (Bsp.: Er wollte seine Einnahmen nicht erklären und wusste, dass er dadurch eine Steuerverkürzung herbeiführen würde); vgl. S. 225 ff.

Ist der Tatbestand erfüllt, so ist dies ein Indiz dafür, dass die Tat **rechtswidrig** ist. Kann sich der Täter jedoch auf einen Rechtfertigungsgrund berufen, so ist die Tat trotz Erfüllung des Tatbestandes nicht rechtswidrig, sodass es auch nicht zu einer Bestrafung kommen kann. Rechtfertigungsgründe wie Notwehr (§ 32 StGB) spielen im Steuerstrafrecht jedoch nur eine untergeordnete Rolle.

Im letzten Prüfungsschritt ist zu klären, ob der Täter auch **schuldhaft** handelte. Dies ist nur der Fall, wenn ihm aus seinem Verhalten ein persönlicher Vorwurf gemacht werden kann (vgl. zum Schuldausschluss §§ 19 bis 21 StGB).

b) Steuerhinterziehung, § 370 AO

§ 370 AO ist der mit Abstand wichtigste Tatbestand des Steuerstrafrechts. Er schützt das öffentliche Interesse am vollständigen und rechtzeitigen Steueraufkommen. In § 370 Abs. 1 AO ist der Grundtatbestand geregelt, der die folgende Struktur aufweist:

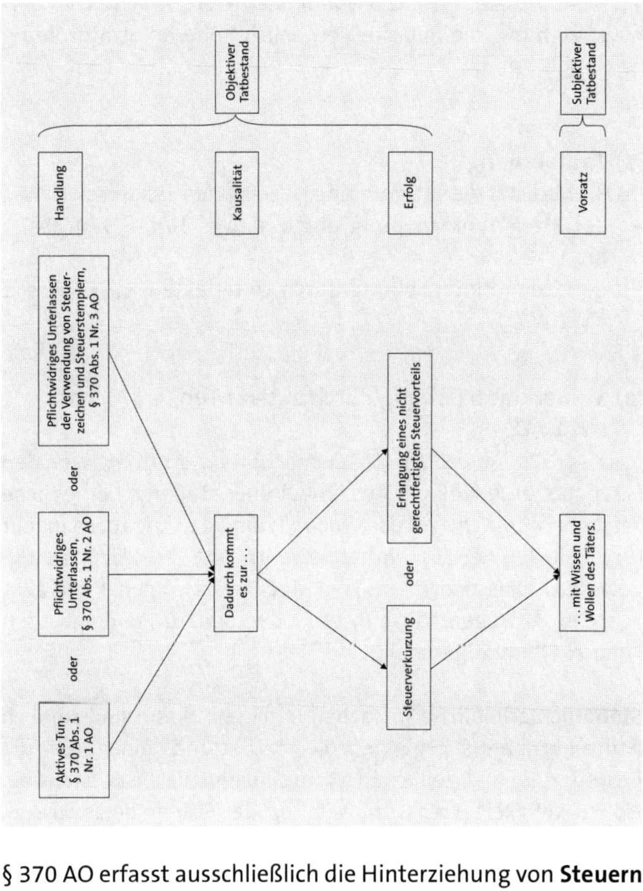

§ 370 AO erfasst ausschließlich die Hinterziehung von **Steuern i. S. von § 3 Abs. 1 und 2 AO und die Erschleichung von Steuervorteilen (Erlass, Stundung usw.)**, sodass Manipulationen von **steuerlichen Nebenleistungen** i. S. des § 3 Abs. 4 AO nicht den Tatbestand erfüllen.

§ 370 Abs. 3 AO enthält **besonders schwere Fälle der Steuerhinterziehung**, die mit einer erheblich höheren Strafdrohung verbunden sind.

(1) Tathandlung

Im Hinblick auf die Tathandlung ist zu unterscheiden zwischen

- der Steuerhinterziehung durch aktives Tun, § 370 Abs. 1 Nr. 1 AO und
- der Steuerhinterziehung durch Unterlassen, § 370 Abs. 1 Nr. 2 AO.

(a) Steuerhinterziehung durch aktives Tun, § 370 Abs. 1 Nr. 1 AO

Nach § 370 Abs. 1 Nr. 1 AO macht sich strafbar, wer den Finanzbehörde (vgl. § 6 Abs. 2 AO) über steuerlich erhebliche Tatsachen unrichtige oder unvollständige Angaben macht (Bsp.: Ein Teil der Einnahmen wird in der ESt-Erklärung weggelassen). Dies erfolgt i. d. R. in Steuererklärungen, kann aber auch in Anträgen, Auskünften oder Erklärungen ggü. den Finanzbehörden geschehen.

Steuerlich erhebliche Tatsachen in diesem Sinne sind sinnlich wahrnehmbare Vorgänge, die Tatbestand einer für die Besteuerung maßgeblichen Norm sind und die die Entstehung, Höhe, Fälligkeit oder Durchsetzung der Steuer beeinflussen. Folglich sind auch Angaben erfasst, die z. B. für eine Stundung erheblich sind. Ob dem zuständigen Bearbeiter die Unrichtigkeit oder Unvollständigkeit der Erklärung bekannt ist, ist ohne Bedeutung.

Da der Tatbestand des § 370 AO nur die Täuschung über steuerlich erhebliche Tatsachen erfasst, d. h. über konkrete, dem Beweis zugängliche Geschehnisse oder Zustände der Vergangenheit oder Gegenwart, sind falsche oder unvollständige **Rechtsausführungen** nicht davon nicht erfasst (Rechtsauffassung = Wertung). Aus einer unzutreffenden Rechtsansicht kann sich aber durchaus eine Täuschung über Tatsachen i. S. des § 370 AO ergeben.

Beispiel ▶ Der Steuerpflichtige geht davon aus, dass ein bestimmter Teil seiner Umsätze nicht steuerpflichtig ist. Aufgrund dieser Ansicht macht er in der Umsatzsteuervoranmeldung nur Angaben zu den nach seiner Ansicht steuerpflichtigen Umsätzen. Folglich handelt es sich in diesem Fall nicht um eine abstrakte Rechtsauffassung, sondern um auf der Basis einer Rechtsauffassung verdichtete Tatsachen, denn die verdichtet gelieferten Zahlen enthalten die schlüssige Erklärung, dies seien alle steuerpflichtigen Umsätze.

Ob die Erklärung vollständig und richtig ist, beurteilt sich nach der in Richtlinien, Erlassen und Urteilen bekannt gegebenen **Verwaltungsauffassung**. Hat der Steuerpflichtige eine abweichende Auffassung, so ist er nicht zur Offenbarung dieser Rechtsauffassung verpflichtet, wohl aber zur vollständigen und richtigen Darstellung des insoweit relevanten Sachverhalts. So hätte der Stpfl. im vorherigen Beispiel alle Umsätze in der Voranmeldung als steuerpflichtigen Umsatz angeben und gegen diese Steueranmeldung Einspruch einlegen können oder die fraglichen Umsätze in der Rubrik „steuerfreie Umsätze“ angeben und der Finanzbehörde durch die Einreichung weiterer Unterlagen die rechtlich fehlerhafte Einordnung erkennbar machen können. Ist sich der Steuerpflichtige jedoch nicht der Tatsache bewusst, dass die Verwaltung eine andere Auffassung vertritt, so handelt er ohne Vorsatz. Mithin macht er sich in diesem Fall nicht strafbar.

Täter einer Steuerhinterziehung durch aktives Tun kann jeder sein, der unrichtige oder unvollständige Angaben macht, auch wenn er selbst keinen steuerlichen Vorteil erlangt. Folglich kann z. B. auch ein Steuerberater, der für seinen Mandanten wissentlich falsche Angaben gegenüber den Behörden macht und dadurch eine Steuerverkürzung bewirkt, Täter einer Steuerhinterziehung sein.

Der Anwendungsbereich des § 370 AO bezieht sich allerdings nicht nur auf das Festsetzungsverfahren, sondern auch auf das Rechtsbehelf-, Erhebungs- und Vollstreckungsverfahren. Die bloße **Nichtbezahlung einer Steuerschuld** ist jedoch nicht nach § 370 AO strafbar.

(b) Steuerhinterziehung durch Unterlassen, § 370 Abs. 1 Nr. 2 AO

Wer die Finanzbehörden pflichtwidrig über steuerlich erhebliche Tatsachen in Unkenntnis lässt und dadurch Steuern verkürzt oder für sich oder einen anderen nicht gerechtfertigte Steuervorteile erlangt, wird nach § 370 Abs. 1 Nr. 2 AO bestraft. Wie sich aus dem Tatbestandsmerkmal **„pflichtwidrig"** ergibt kann folglich nur derjenige diesen Tatbestand erfüllen, den konkrete steuerliche Pflichten treffen. Insoweit sind insb. die Pflichten zur Abgabe von Steuervoranmeldungen, -anmeldungen und -erklärungen zu nennen, wie auch die Berichtigungspflicht nach § 153 AO. Aus § 90 AO (Mitwirkungspflichten) ergibt sich hingegen keine strafrechtlich relevante Pflicht.

Nach § 153 AO ist der Stpfl. verpflichtet, fehlerhafte oder unvollständige Angaben unverzüglich zu **berichtigen**, wenn er die Fehlerhaftigkeit nachträglich erkennt. Berichtigt er die Erklärung nicht, so begeht er eine Steuerhinterziehung durch Unterlassen.

Die Handlungspflicht des § 153 AO ergibt sich aus eigenen Fehlern des Steuerpflichtigen im Vorfeld. Es besteht hingegen keine Pflicht, die Finanzbehörde auf deren Fehler und die Möglichkeit einer Berichtigung nach § 129 AO hinzuweisen. Folglich ist die Ausnutzung eines Versehens des Finanzamtes nicht strafbar.

Beispiel ► Beim Erstellen seiner Steuererklärung 05 stellt K fest, dass er bei seiner Erklärung 04 versehentlich steuerpflichtige Einkünfte nicht angegeben hat. Somit trifft ihn die Verpflichtung, die Erklärung 04 nach § 153 AO zu berichtigen. Tut er dies nicht, so macht er sich einer Steuerhinterziehung durch Unterlassen schuldig, § 370 Abs. 1 Nr. 2 AO.

Wurde die Steuer wegen der **Nichtabgabe einer Erklärung geschätzt**, bleibt die Erklärungspflicht des Steuerpflichtigen gem. § 149 Abs. 1 AO bestehen.

(2) Taterfolg

Wird durch die Tathandlung ein Taterfolg herbeigeführt, so ist der Tatbestand vollendet. Bleibt der Taterfolg trotz Erfüllung der anderen Tatbestandselemente jedoch aus, so liegt eine nach § 370 Abs. 2 AO strafbare versuchte Tat vor (vgl. dazu S. 231 f.).

Taterfolg i. S. des § 370 AO sind entweder

- der Eintritt einer Steuerverkürzung oder
- das Erlangen eines nicht gerechtfertigten Steuervorteils.

Beide Alternativen sind in § 370 Abs. 4 AO näher erläutert.

(a) Steuerverkürzung

Steuern sind verkürzt, wenn sie nicht, nicht in voller Höhe oder nicht rechtzeitig festgesetzt werden. Maßgeblich ist also die **Festsetzung** und nicht die Zahlung. Gedanklich ist zu unterscheiden zwischen einer Steuerverkürzung auf Dauer und einer solchen auf Zeit.

- Eine **Steuerverkürzung auf Dauer** liegt vor, wenn die „Ist-Einnahme" des Fiskus hinter der „Soll-Einnahme" zurückbleibt. Es ist folglich die Differenz zwischen der sich aus dem erklärten Sachverhalt und der sich aus dem tatsächlichen Sachverhalt ergebenden Steuer zu ermitteln.
  Die Steuerverkürzung tritt bei **Fälligkeitssteuern** ein, wenn zum gesetzlich bestimmten Zeitpunkt die Steueranmeldung nicht vorliegt oder sie zu niedrig ist.
  Bei der Abgabe einer unrichtigen Steuererklärung für **Veranlagungssteuern** (aktives Tun, § 370 Abs. 1 Nr. 1 AO) tritt der Taterfolg mit der Bekanntgabe des unrichtigen Bescheids ein. Auf den Eintritt der Rechtskraft des Bescheides kommt es nicht an. Auch Vorbehalts- oder vorläufige Festsetzungen sind insoweit ausreichend. Sofern hingegen keine Steuererklärung oder Steueranmeldung abgegeben wird, tritt bei Veranlagungssteuern der Taterfolg in dem Zeitpunkt ein, in dem eine korrekt abgegebene Erklärung des Täters wohl veranlagt worden wäre, d. h. wenn die Veranlagungsarbeiten in dem betreffenden Bezirk „im Großen und Ganzen" abgeschlossen sind. Folglich wird auf den Zeitpunkt abgestellt, in dem 90 bis 95 % der Veranlagungsarbeiten des betreffenden Zeitraums in dem jeweiligen Veranlagungsbezirk für die jeweilige Steuerart abgeschlossen sind (Beispiel 1).
- Die **Steuerverkürzung auf Zeit** ist aufgrund des Wortlauts des § 370 Abs. 4 AO derjenigen auf Dauer gleichgestellt. Die Abgrenzung erfolgt ausschließlich nach der Vorstellung des

Täters im Zeitpunkt der Tathandlung: Wollte er auf Dauer oder nur auf Zeit Steuern verkürzen (siehe Beispiel 2)?

Beispiel 1 A betreibt seit vielen Jahren sehr erfolgreich einen Kiosk, hat aber nie eine Steuererklärung abgegeben. Wonach ist zu entscheiden, inwieweit bzgl. der ESt und der USt bereits eine Steuerverkürzung eingetreten ist, d. h. die Tat vollendet ist?

Lösung Insoweit ist hinsichtlich des Vollendungszeitpunkts zwischen den beiden Steuerarten zu unterscheiden: Die Umsatzsteuerhinterziehung durch Unterlassen ist mit dem Verstreichenlassen der gesetzlichen Frist vollendet, da es sich um eine Fälligkeitssteuer handelt. Folglich tritt die Steuerverkürzung mit dem Ablauf des 31. Mai des jeweiligen Folgejahres ein. Bei Voranmeldungen ist auf den 10. des Folgemonats abzustellen.

Da es sich bei der Einkommensteuer um eine Veranlagungssteuer handelt, kommt es insoweit auf den Zeitpunkt an, in dem A veranlagt worden wäre, wenn er eine Steuererklärung fristgemäß eingereicht hätte. Dieser Zeitpunkt ist im Einzelfall für die jeweilige Veranlagungsdienststelle zu ermitteln.

Beispiel 2 Der Täter gibt falsche USt-Voranmeldungen ab. Handelt es sich um eine Verkürzung auf Zeit?

Lösung Diese Frage kann nicht generell beantwortet werden, sondern es ist danach zu fragen, ob der Täter eine korrekte Jahreserklärung abgeben und die Voranmeldungen damit korrigieren wollte (= auf Zeit) oder ob er von

Anfang an auch keine korrekte Jahreserklärung abgeben wollte (= auf Dauer).

Die Unterscheidung zwischen Steuerverkürzung auf Dauer und auf Zeit ist von Bedeutung für das spätere Strafmaß, da der Schaden bei der Steuerverkürzung auf Zeit nur im Zinsverlust liegt (vgl. §§ 233 ff. AO).

(b) Erlangen eines nicht gerechtfertigten Steuervorteils

Ein **Steuervorteil** ist Gegenstand jeder wirtschaftlich begünstigenden Verfügung der Finanzbehörde, die der Steuerpflichtige außerhalb seiner Steuererklärung erstrebt und die außerhalb des Steuerfestsetzungsverfahrens erteilt wird. Zu nennen sind z. B. Steuervergütungen, -erstattungen, -vergünstigungen und -erlasse. Da steuerliche Nebenleistungen (§ 3 Abs. 4 AO) von § 370 AO nicht erfasst sind, stellen z. B. ein Erlass oder die Stundung eines Verspätungszuschlags keinen Steuervorteil i. S. des § 370 AO dar.

Nicht gerechtfertigt ist ein solcher Vorteil, wenn er dem Steuerpflichtigen bei richtiger Rechtsanwendung nicht zustehen würde.

(c) Das Kompensationsverbot

Eine Besonderheit des Steuerstrafrechts stellt das in § 370 Abs. 4 Satz 3 AO geregelte Kompensationsverbot dar. Danach besteht die Möglichkeit, dass eine Steuerverkürzung i. S. des § 370 AO zu bejahen ist, obwohl es nach der steuerrechtlichen Berechnung **kein Mehrergebnis** gibt. Nach § 370 Abs. 4 Satz 3 AO liegt nämlich ein strafrechtlich relevanter Verkürzungserfolg auch dann vor, wenn die Steuer aus anderen Gründen hätte ermäßigt oder ein Steuervorteil hätte beansprucht werden können. Folglich ist im Strafverfahren – im Gegensatz zum steuerlichen Verfahren – eine völlig getrennte Wertung von positiven und negativen Faktoren vorzunehmen.

In der Regel wirkt das Kompensationsverbot **schulderhöhend**, da der für das Strafverfahren maßgebliche Steueranspruch des Staates dadurch zu berechnen ist, dass in die Steuererklärung des Täters lediglich die zutreffenden Angaben anstelle der falschen, die Hinterziehungshandlung darstellenden Angaben eingesetzt werden. Andere, für den Täter günstige Umstände sollen keine Berücksichtigung finden, damit das Strafgericht nicht den gesamten Steuerfall aufrollen muss.

Diese strenge Linie hält die Rechtsprechung jedoch nicht durch. Vielmehr gilt in der **Rechtspraxis**, dass steuermindernde Gesichtspunkte dann zu berücksichtigen sind, wenn sie in einem unmittelbaren wirtschaftlichen Zusammenhang mit den hinterzogenen Beträgen stehen. So sind z. B. bisher steuerlich nicht berücksichtigte, zur Erzielung der „Schwarzeinnahmen" vorgenommene Betriebsausgaben in Abzug zu bringen. Eventuell in diesem Rahmen nicht gezogene Vorsteuern finden jedoch keine Berücksichtigung.

(3) Subjektiver Tatbestand

Der subjektive Tatbestand der Steuerhinterziehung erfordert eine vorsätzliche Handlung des Täters (§ 15 StGB). Der Täter muss folglich den Steueranspruch kennen und ihn trotz dieser Kenntnis verkürzen wollen.

Eventualvorsatz ist bereits anzunehmen, wenn der Täter den Erfolg für möglich hält und ihn für den Fall, dass er eintritt, billigt. Dies ist z. B. der Fall, wenn der Täter Zweifel an der Rechtmäßigkeit seiner eigenen Rechtsansicht hat, sie aber trotzdem seiner Steuererklärung zugrunde legt, ohne das Finanzamt auf seine Zweifel aufmerksam zu machen, den insoweit maßgeblichen Sachverhalt vollständig und richtig darzulegen oder rechtskundigen Rat einzuholen.

Geht der Täter hingegen irrig davon aus, dass seine Angaben zutreffend seien, da er z. B. eine Einnahme vergessen hat, und kommt es aufgrund der objektiv falschen Angaben zum Erlass eines falschen Steuerbescheides, so kann der Täter nicht wegen Steuerhinterziehung bestraft werden, da er sich in einem den **Vorsatz ausschließenden Tatbestandsirrtum** befindet (§ 16 StGB). Erkennt der Täter jedoch später, dass seine Angaben falsch waren, so trifft ihn die Berichtigungspflicht gem. § 153 AO. Unterlässt er die unverzügliche Korrektur, so macht er sich einer Steuerhinterziehung durch Unterlassen schuldig (vgl. S. 220 f.).

Die Anforderungen, die insoweit an den Stpfl. gestellt werden, gehen recht weit. So wird z. B. davon ausgegangen, dass jedem Bürger klar ist, dass Zinseinkünfte steuerpflichtig sind und dass jedermann Kenntnis von der Berichtigungspflicht nach § 153 AO hat.

Irrt der Täter sich jedoch z. B. über die **zeitliche Zuordnung** von Einnahmen (§ 11 Abs. 1 EStG) und gibt sie deshalb nicht im richtigen Jahr an, so liegt insoweit kein Vorsatz vor (§ 16 StGB) bzw. dürfte der Vorsatz nicht nachweisbar sein.

Beispiel G erhält am 28. 12. einen Scheck, den er am ersten Werktag des Folgejahres bei seiner Bank einreicht, wo er ihm drei Tage später gutgeschrieben wird. G erfasst den Scheck nicht in der Steuererklärung des Jahres, in dem er ihn erhalten hat, da er der Ansicht ist, es käme auf den Zeitpunkt der Einlösung an.

In diesem Fall ist zwar der objektive Tatbestand des § 370 AO erfüllt, aber es fehlt am Vorsatz. G irrte über die zeitliche Zuordnung und befand sich somit in einem vorsatzausschließenden Irrtum i. S. des § 16 Abs. 1 StGB.

Geht die **Höhe der tatsächlichen Steuerverkürzung** über die Vorstellung des Täters hinaus, so ist der Vorsatz trotzdem gegeben, sofern er die Höhe der tatsächlichen Verkürzung zumindest für möglich hält.

Beispiel Der T gibt nur einen Teil seiner Einnahmen in seiner ESt-Erklärung an. Aufgrund seiner mangelhaften Steuerkenntnisse geht er davon aus, die ESt in Höhe von ca. 10 000 € verkürzt zu haben. Da er sich seiner geringen Kenntnisse bewusst ist, hält er es aber auch für möglich, dass die tatsächliche Verkürzung höher ist. In der Folge kommt es aufgrund der falschen Angaben zu einer um 45 000 € zu niedrigen ESt-Festsetzung.

In diesem Fall handelt T vorsätzlich, da er die Höhe des verkürzten Anspruchs für möglich hält. Dass er sich eine andere konkrete Höhe vorgestellt hat, ist im Hinblick auf die Strafbarkeit unerheblich, hingegen bei der Festsetzung des Strafmaßes zu berücksichtigen.

c) Täterschaft und Teilnahme

Begeht nur eine Person ein vorsätzliches Delikt, so ist sie alleiniger Täter. Sind jedoch mehrere Personen beteiligt, so ist ihr jeweiliger Tatbeitrag nach der differenzierten Beteiligungslehre des StGB zu gewichten.

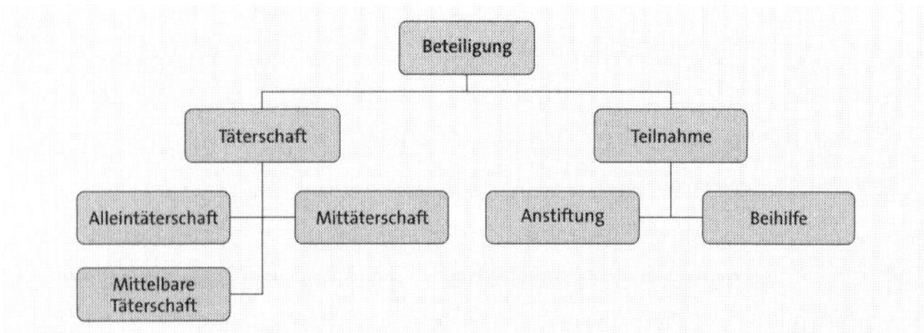

(1) Alleintäterschaft, § 25 Abs. 1 Alt. 1 StGB

Alleintäter ist, wer selbst sämtliche Tatbestandsvoraussetzungen erfüllt. Folglich kann jeder Täter i. S. des § 370 Abs. 1 Nr. 1 AO sein, der gegenüber der Behörde über steuerlich erhebliche Tatsachen unrichtige oder unvollständige Angaben macht. Täter i. S. des § 370 Abs. 1 Nr. 2 AO (Unterlassen) kann hingegen nur derjenige sein, den eine Pflicht zum Handeln trifft. Da es sich bei § 370 AO nicht um ein eigennütziges Delikt handelt, ist es gleichgültig, ob der Täter den Erfolg zum eigenen Vorteil oder zugunsten eines Dritten herbeigeführt hat.

(2) Mittelbare Täterschaft, § 25 Abs. 1 Alt. 2 StGB

Mittelbarer Täter ist, wer die Tat durch einen anderen begeht. Der Täter benutzt somit einen anderen Menschen, den sog. **Tatmittler**, als Werkzeug. Tatherrschaft und Täterwillen hat lediglich der Hintermann. Der Tatmittler handelt hingegen entweder nicht tatbestandsmäßig, nicht rechtswidrig oder nicht schuldhaft.

Hierbei handelt es sich um die klassische Form der Steuerhinterziehung bei Veranlagungssteuern, da der (gutgläubige) Finanzbeamte, der die vom Steuerpflichtigen unzutreffend eingereichte Steuererklärung veranlagt, vom Steuerpflichtigen aufgrund dessen überlegenen Wissens beherrscht und somit als Werkzeug zur Herbeiführung des Taterfolges benutzt wird.

Beispiel K und G sind Gesellschafter der KG-OHG. K tätigt ohne Wissen des G Geschäfte, für die er keine Rechnungen erteilt und die er auch nicht bucht. Deshalb fertigt G eine zu niedrige USt-Voranmeldung der OHG und reicht sie ein. Da G ohne Vorsatz handelte ist K mittelbarer Täter einer USt-Hinterziehung zugunsten der OHG.

(3) Mittäterschaft, § 25 Abs. 2 StGB

Mittäter begehen eine Tat gemeinschaftlich. Dies ist gegeben bei **bewusstem und gewolltem Zusammenwirken der Täter** auf der Grundlage eines gemeinsamen Tatplanes. Jeder (Mit-) Täter muss dabei Tatherrschaft und Täterwillen haben, worin auch der Unterschied zur Beihilfe liegt, da im Falle der Beihilfe der Täter eine fremde – und nicht die eigene – Tat fördern will. Darüber hinaus muss jeder Mittäter auch einen objektiven Tatbeitrag im Ausführungs- oder Vorbereitungsstadium erbringen.

Sind diese Voraussetzungen der Mittäterschaft erfüllt, so werden den jeweiligen Mittätern gem. § 25 Abs. 2 StGB die Tatbeiträge der anderen Mittäter zugerechnet.

Beispiel A und B sind geschäftsführende Komplementäre einer KG. Sie vereinbaren mit dem Kommanditisten C, keine USt-Anmeldungen abzugeben, was auch geschieht.

A und B sind Mittäter einer Steuerhinterziehung durch Unterlassen. C trifft hingegen keine Erklärungspflicht, sodass er nicht Täter durch Unterlassen sein kann. Folglich kann er auch nicht Mittäter sein, allenfalls Anstifter oder Gehilfe.

(4) Anstiftung, § 26 StGB

Anstiftung ist das vorsätzliche Wecken des Tatentschlusses zu einer bestimmten rechtswidrigen Haupttat. Der Anstifter muss den sog. doppelten Anstiftervorsatz aufweisen, d. h. er muss erstens bzgl. der Haupttat und zweitens bzgl. des Wachrufens des Tatentschlusses vorsätzlich handeln.

Beispiel K schlägt dem Gastwirt G vor, gewisse eingekaufte Waren als auch die durch deren Verkauf erzielten Einnahmen aus der Steuererklärung herauszuhalten. Daraufhin meldet G entsprechend des Vorschlages nur noch einen Teil seiner Umsätze an. Liegt eine Anstiftung vor?

Lösung G machte vorsätzlich gegenüber der Finanzbehörde unrichtige Angaben und bewirkte dadurch eine unzutreffende Steuerfestsetzung (= Haupttat). Dazu hat A ihn auch bestimmt, da er den Tatentschluss des G hervorrief, dies auch wollte und darüber hinaus auch Vorsatz bzgl. der Steuerhinterziehung des G (= Haupttat) hatte. Somit liegt eine Anstiftung vor.

Im Falle der Anstiftung entspricht die Strafe des Anstifters der des Täters.

(5) Beihilfe, § 27 StGB

Im Gegensatz zur Anstiftung ist die **Beihilfe das vorsätzliche Hilfeleisten zu der rechtswidrigen Tat eines anderen**. Der Gehilfe fördert eine fremde Tat ohne eigenen Täterwillen entweder physisch (z. B. durch das Ausfüllen der unzutreffenden Steuererklärung) oder psychisch (z. B. durch das Bestärken eines bereits vorhandenen Tatentschlusses). Er muss den sog. doppelten Gehilfenvorsatz aufweisen, d. h. er muss vorsätzlich handeln erstens bzgl. der Haupttat und zweitens bzgl. des Hilfeleistens.

Die Strafe für den Gehilfen ist aus dem Strafrahmen der Haupttat zu entnehmen, aber gemäß § 27 Abs. 2 Satz 2 StGB zwingend zu mildern.

d) Versuch, §§ 22, 23 StGB

Vorbereitungshandlungen für eine Steuerhinterziehung (z. B. Beschaffung der Erklärungsvordrucke und deren falsches Ausfüllen) sind i. d. R. straflos. Im Gegensatz dazu ist eine versuchte Steuerhinterziehung strafbar, § 370 Abs. 2 AO. Ein **Versuch** liegt vor, wenn der subjektive Tatbestand des Deliktes bereits erfüllt, aber der objektive Tatbestand noch nicht vollständig gegeben ist. Dies ist z. B. der Fall, wenn der Täter seine Einkommensteuererklärung mit falschen Angaben eingereicht hat, es aber nicht zur Steuerverkürzung kommt, da der Sachbearbeiter den Fehler bemerkt (Ausbleiben des Erfolgs).

Die Versuchsprüfung ist – in Abweichung vom obigen Schema – wie folgt aufzubauen:

1. Vorprüfung
   a) Tat noch nicht vollendet
   b) Versuch strafbar
2. Subjektiver Tatbestand bzgl. des vollständigen objektiven Tatbestandes (Handlung, Erfolg, Kausalität)
3. Objektiver Tatbestand = unmittelbares Ansetzen zur Tatbestandsverwirklichung
4. Rechtswidrigkeit
5. Schuld

Der **subjektive Tatbestand** ist gegeben, wenn der endgültige Tatentschluss (= Vorsatz) vorliegt. Maßgeblich ist somit die Vorstellung des Täters von der Tat. Will der Täter z. B. eine unvollständig ausgefüllte ESt-Erklärung abgeben und dadurch Steuer verkürzen?

Der objektive Tatbestand muss gem. § 22 StGB zumindest so weit verwirklicht sein, dass der Täter nach seiner Vorstellung von der Tat zur Verwirklichung des Tatbestandes **unmittelbar angesetzt** hat. Auch insoweit ist auf die Vorstellung des Täters abzustellen.

Der Täter hat i. S. des § 22 StGB unmittelbar zur Tat angesetzt, wenn seine Handlungen bei ungestörtem Fortgang unmittelbar und ohne weitere wesentliche Zwischenakte zur Tatbestandsverwirklichung führen sollen oder sie in unmittelbarem räumlichen und zeitlichen Zusammenhang mit der Tatbestandsverwirklichung stehen, das geschützte Rechtsgut somit unmittelbar gefährden.

Unmittelbares Ansetzen ist folglich i. d. R. gegeben, wenn der Täter das geplante Delikt schon soweit verwirklicht hat, dass bei Entlassung des Geschehensablaufes der Deliktserfolg ohne weiteres Zutun des Täters eintreten kann, z. B. wenn der Täter die Einkommensteuererklärung in den Briefkasten des Finanzamtes wirft.

Für die Strafbarkeit des Versuchs ist es unerheblich, aus welchem Grunde der objektive Tatbestand nicht verwirklicht wurde.

e) Die strafbefreiende Selbstanzeige

Einer der größten Unterschiede zwischen dem allgemeinen Strafrecht und dem Steuerstrafrecht liegt in § 371 AO, da außerhalb des Steuerstrafrechts nur ausnahmsweise eine Strafbefreiung nach Vollendung des Delikts vorgesehen ist.

Damit eine strafbefreiende Selbstanzeige wirksam ist, muss der Täter

- eine Steuerhinterziehung gem. § 370 AO begangen haben,
- unrichtige oder unvollständige Angaben bei der Finanzbehörde berichtigen oder ergänzen oder unterlassene Angaben nachholen,
- es dürfen keine Ausschlussgründe i. S. des § 371 Abs. 2 AO eingreifen und
- wenn Steuerverkürzungen bereits eingetreten oder Steuervorteile bereits erlangt sind, muss der Täter die zu seinen Gunsten hinterzogenen Steuern innerhalb einer ihm bestimmten angemessenen Frist nachentrichten (§ 371 Abs. 3 AO).

(1) Die Selbstanzeige

Die Selbstanzeige ist nach § 371 Abs. 1 AO lediglich für die Steuerhinterziehung gem. § 370 AO eröffnet. Erfüllt die Tat auch einen anderen Tatbestand, so bleibt die Strafbarkeit insoweit bestehen.

In der Selbstanzeige sind die Angaben in einer Art und Weise nachzuholen, die es den Finanzbehörden ohne größere weitere Ermittlungen ermöglicht, die zutreffende Steuer zu ermitteln und festzusetzen. Es ist folglich z. B. ausreichend, wenn in einer Umsatzsteuerjahreserklärung die verdichteten Zahlen die Berichtigung unrichtiger Umsatzsteuervoranmeldungen enthalten. Auch bei der verspäteten Abgabe einer Steuererklärung handelt es sich um eine Selbstanzeigehandlung. Eine Erklärung, man habe in den letzten fünf Jahren seine Einnahmen nicht erklärt, ist hingegen nicht ausreichend, da die Ermittlung und Festsetzung der zutreffenden Steuer auf der Grundlage dieser Mitteilung (noch) nicht möglich ist. Eine solche Erklärung ist lediglich als **Vorankündigung einer Selbstanzeige** zu werten, die allerdings keine strafbefreiende Wirkung entfaltet.

Die Abgabe der Selbstanzeige muss gem. § 371 Abs. 1 AO „bei der Finanzbehörde" erfolgen. Es ist allerdings umstritten, ob damit jede oder nur die örtlich zuständige Behörde gemeint ist. Der Täter muss die Selbstanzeige nicht selbst abgeben. Es ist vielmehr ausreichend, wenn er die Abgabe der Berichtigungserklärung durch einen **Vertreter** veranlasst.

(2) Die Ausschlussgründe

Die Selbstanzeige ist allerdings gem. § 371 Abs. 2 AO nicht wirksam, wenn der Steuerpflichtige sie zu einem Zeitpunkt abgibt, in dem sich das Entdeckungsrisiko für ihn bereits konkretisiert hat.

Nach **§ 371 Abs. 2 Nr. 1a AO** ist eine strafbefreiende Selbstanzeige ausgeschlossen, soweit ein Amtsträger der Finanzbehörde zu einer rechtmäßigen Außenprüfung i. S. der §§ 193 ff. AO, Fahndungsprüfung oder sonstigen erkennbaren Ermittlungsmaßnahme der Finanzbehörde bereits vor Ort erschienen ist.

Der **Umfang der Ausschlusswirkung** ergibt sich aus der Prüfungsanordnung, dem ggü. dem Betroffenen oder seinem Vertreter geäußerten Anlass und Umfang der Ermittlungen oder (bei Erscheinen eines Fahndungsprüfers) aus dem in der Fahndungsakte niedergelegten Ermittlungsauftrag.

Damit der Prüfer **vor Ort erschienen** ist, muss er bildlich gesprochen bereits auf der Fußmatte vor der Tür des Betroffenen stehen. Findet die Prüfung im **Büro des Steuerberaters** statt, so kommt es maßgeblich auf das dortige Erscheinen des Prüfers an. Umstritten ist der Eintritt der Sperrwirkung, wenn die Prüfung an Amtsstelle stattfindet.

Mit Abschluss der Prüfung lebt die Selbstanzeigemöglichkeit wieder auf.

Nach **§ 371 Abs. 2 Nr. 1b AO** ist die strafbefreiende Wirkung der Selbstanzeige auch ausgeschlossen, wenn nur einem der Tatbeteiligten oder seinem Vertreter die Einleitung eines Straf- oder Bußgeldverfahrens bereits bekannt gegeben wurde. Dies kann z. B. durch ein Einleitungsschreiben oder die Übergabe einer Durchsuchungsanordnung geschehen.

Nach **§ 371 Abs. 2 Nr. 2 AO** tritt Straffreiheit ferner nicht ein, soweit die Tat bereits entdeckt war und der Erklärende dies wusste oder damit rechnen musste. Dieser Ausschlussgrund wird sehr eng ausgelegt.

Die **Tatentdeckung** muss objektiv gegeben sein. Weder die Entdeckungsgefahr noch die irrige Annahme des Betroffenen, die Tat sei entdeckt, begründen die Ausschlusswirkung. Vielmehr muss nach der Rechtsprechung eine Verurteilung aufgrund einer vorläufigen Tatbewertung wahrscheinlich sein. Folglich muss nicht nur das Vorliegen des objektiven Tatbestandes wahrgenommen worden sein, sondern aufgrund des wahrgenommenen Sachverhalts muss auch auf das Vorliegen der subjektiven Tatbestandsmerkmale geschlossen worden sein.

Wie sich aus dieser engen Auslegung ergibt, kommt diesem Sperrgrund nur eine geringe praktische Bedeutung zu.

Beispiel Das Finanzamt erhält eine Kontrollmitteilung, nach der A im Jahr 02 Provisionseinkünfte in Höhe von 10 000 € erhalten hat. Aus der Steuerakte ergibt sich, dass er Einkünfte i. H. von 6 000 € erklärt hat. Eine Einnahmenüberschussrechnung liegt nicht vor. Daraufhin fragt das Finanzamt bei A an, welche Bewandtnis es mit dieser Zahlung habe. Wenige Tage später erstattet A Selbstanzeige.

Es liegt eine wirksame strafbefreiende Selbstanzeige vor, da die Kontrollmitteilung keine Tatentdeckung begründet. Es war durchaus plausibel, dass nach Abzug der Betriebsausgaben lediglich 6 000 € verblieben.

Etwas anderes würde jedoch gelten, wenn dem Finanzamt eine Einnahmenüberschussrechnung vorgelegen hätte, aus der sich ergibt, dass die Einnahmen laut Kontrollmitteilung verschwiegen wurden, z. B. wenn nur Betriebseinnahmen i. H. von 2 000 € erklärt werden.

(3) Die Nachzahlungspflicht

Soweit Steuerverkürzungen bereits eingetreten oder Steuervorteile bereits erlangt sind, tritt Straffreiheit erst ein, wenn der Täter die zu seinen Gunsten hinterzogenen Steuern innerhalb einer ihm bestimmten angemessenen Frist nachentrichtet (§ 371 Abs. 3 AO). Der Täter hat somit eine **Anwartschaft auf Straffreiheit** erworben, sodass der Strafanspruch des Staates noch besteht, aber durch die Nachzahlung auflösend bedingt ist.

Das Tatbestandsmerkmal **„zu seinen Gunsten"** stellt auf eine wirtschaftliche Betrachtung, nicht hingegen auf die Steuerschuldnerschaft ab. Folglich hat derjenige Steuern „zu seinen Gunsten" hinterzogen, der unmittelbar aus der Steuerhinterziehung einen **wirtschaftlichen Vorteil** erlangt hat. Ist der wirtschaftliche Vorteil hingegen einer anderen Person zugeflossen, so wird der sich selbst Anzeigende ohne Nachzahlung schon durch die Selbstanzeige als solche straffrei.

Beispiel V ist angestellter Geschäftsführer der sich in wirtschaftlichen Schwierigkeiten befindenden F-GmbH. Er behebt die Liquiditätsschwierigkeiten der GmbH dadurch, dass er zu niedrige USt-Voranmeldungen abgibt. Als sein Handeln von der Gesellschafterin entdeckt wird, gibt V eine Selbstanzeige ab. Zu einer Nachzahlung kommt es nicht.

Die Steuer wurde durch den Geschäftsführer zugunsten der GmbH hinterzogen. V hat eine Selbstanzeige abgegeben, die nicht gem. § 371 Abs. 2 AO gesperrt ist. Bei V handelt es sich jedoch um einen angestellten Geschäftsführer, dem die hinterzogenen Beträge nicht unmittelbar zugeflossen sind. Folglich ist eine Nachzahlung der hinterzogenen

Steuern nicht erforderlich, sodass G auch ohne sie durch die Selbstanzeige straffrei wird.

Damit die **Nachzahlungsfrist** angemessen ist, sollte sie nicht unter einem Monat liegen und wird i. d. R. sechs Monate nicht überschreiten. Es handelt sich insoweit um eine strafrechtliche Frist und nicht um eine solche des Besteuerungsverfahrens. Sie hat mit dem Leistungsgebot im Steuerbescheid nichts zu tun.

Erfolgt die Nachzahlung nur teilweise, so wirkt sie entsprechend dem Wortlaut des § 371 Abs. 3 „insoweit", d. h. soweit die **Teilzahlung** reicht strafbefreiend.

Handelt es sich um eine sog. **verunglückte Selbstanzeige**, weil z. B. die Nachzahlung nicht innerhalb der gesetzten Frist erfolgt, so wirkt sie nicht strafbefreiend, ist jedoch bei der Strafzumessung zugunsten des (Selbst-)Anzeigenerstatters zu berücksichtigen.

f) Leichtfertige Steuerverkürzung, § 378 AO

Bei § 378 AO handelt es sich nicht um eine Straftat, sondern um eine Ordnungswidrigkeit, woraus sich verschiedene Folgen ergeben:

- Die Strafverfolgungsbehörden unterliegen dem Opportunitäts- und nicht dem Legalitätsprinzip, sodass sie nicht verpflichtet sind, jede bekannt gewordene Tat zu verfolgen und ggf. auch die Anklage zu erheben.
- Es findet keine Differenzierungen zwischen Tätern und Teilnehmern statt, sondern jeder, der einen ursächlichen Beitrag zur Tatbestandsverwirklichung geleistet hat, wird als (Einheits-)Täter angesehen (vgl. § 14 OWiG).

- Geldbußen können gem. § 30 OWiG auch gegen **juristische Personen** verhängt werden und die Ahndung von Ordnungswidrigkeiten erfolgt durch Bußgeldbescheide (§ 65 OWiG).

Der objektive Tatbestand des § 378 AO entspricht dem des § 370 AO, setzt aber im subjektiven Tatbestand nicht Vorsatz voraus, sondern erfasst die **leichtfertige**, d. h. grob fahrlässige Beeinträchtigung des geschützten Rechtsguts. Folglich muss dem Täter sein Verhalten besonders vorzuwerfen sein, weil er den Erfolg leicht hätte vorhersehen und ihn folglich auch leicht hätte vermeiden können. Der Täter lässt unbeachtet, was jedem hätte einleuchten müssen.

§ 378 Abs. 3 AO stellt eine besondere **Selbstanzeigemöglichkeit** für die leichtfertige Steuerverkürzung dar. Im Hinblick auf die positiven Voraussetzungen besteht Übereinstimmung mit § 371 AO, es sind jedoch die Ausschlussgründe eingeschränkt: Nur wenn dem Betroffenen die Einleitung eines Straf- oder Bußgeldverfahrens bekannt gegeben wurde, ist die Selbstanzeige ausgeschlossen. Sie bleibt hingegen während einer laufenden Außenprüfung ebenso möglich wie nach einer vom Täter bemerkten Tatentdeckung.

Kontrollfragen

Was regelt die AO?

- ▸ Abschn. 1.a)

Warum unterliegt die Finanzverwaltung den Regelungen der AO?

- ▸ Abschn. 1.a)

Was ist der AO vorangegangen?

- ▸ Abschn. 1.b)

Wie ist die AO aufgebaut?

- ▸ Abschn. 1.c)

Wodurch unterscheiden sich das öffentliche Recht und das Zivilrecht?

- ▸ Abschn. 1.d)

Was versteht man unter den Realsteuern?

- ▸ Abschn. 1.e)

Wie ist der Begriff „Steuer" definiert?

- ▸ Abschn. 1.e)

Wie unterscheiden sich Gebühren und Beiträge?

- ▸ Abschn. 1.e)

Wer trägt indirekte Steuern?

- ▸ Abschn. 1.e)

Was bezeichnet das Steuerrechtsverhältnis?

- ▸ Abschn. 2.

Was ist das Steuerschuldverhältnis?

- ▸ Abschn. 2.a)

Welche Ansprüche hat der Bürger gegenüber dem Staat?

- ▸ Abschn. 2.a)

Wer ist an einem Steuerrechtsverhältnis beteiligt?
► Abschn. 2.b)

Worum handelt es sich bei der Gesamtrechtsnachfolge?
► Abschn. 2.b)

Welche Bedingungen muss ein Bevollmächtigter erfüllen, um die geschäftsmäßige Hilfeleistung in Steuersachen zu haben?
► Abschn. 2.c)

Wann endet eine Vollmacht?
► Abschn. 2.c)

Wie entstehen Ansprüche aus dem Steuerrechtsverhältnis?
► Abschn. 2.d)

Was ist ein Termin?
► Abschn. 3.a)

Was ist eine Frist?
► Abschn. 3.b)

Nennen Sie verschiedene Fristarten!
► Abschn. 3.b)(1)

Welche Paragrafen gelten für die Fristberechnung?
► Abschn. 3.b)(2)

Wie erfolgt die Berechnung einer Frist?
► Abschn. 3.b)(2)

Was versteht man unter der Tagesbeginn- bzw. der Ereignisfrist?
► Abschn. 3.b)(2)(a)

Was versteht man unter der Drei-Tages-Fiktion?
► Abschn. 3.b)(2)(a)

Wonach kann sich die Frist bemessen?
► Abschn. 3.b)(2)(b)

Was besagt die Frühleerungs-Regel?
- Abschn. 3.b)(2)(c)

Wie lang ist die Wiedereinsetzungsfrist?
- Abschn. 3.c)

Wer ist nach § 110 Abs. 1 AO verhindert die Frist zu wahren?
- Abschn. 3.c)(1)

Wann ist eine Fristversäumnis schuldlos?
- Abschn. 3.c)(2)

Muss ein Antrag auf Wiedereinsetzung und Nachholung der versäumten Frist gestellt werden?
- Abschn. 3.c)(3)

Welche Fristen sind bei der Wiedereinsetzung zu beachten?
- Abschn. 3.c)(4)

Wie definiert sich ein Verwaltungsakt?
- Abschn. 4.a)

Was versteht man unter der Allgemeinverfügung?
- Abschn. 4.b)(1)

Was ist ein Sammelverwaltungsakt?
- Abschn. 4.b)(2)

In welche Gruppen lassen sich Verwaltungsakte unterteilen?
- Abschn. 4.c)

Was muss in einem Verwaltungsakt hinreichend bestimmt sein?
- Abschn. 4.d)

Was muss vorliegen, damit ein Verwaltungsakt wirksam ist?
- Abschn. 4.e)

Wann liegt die Bekanntgabe eines Verwaltungsakts vor?
- Abschn. 4.e)(3)

Wann ist ein mündlicher Verwaltungsakt zugegangen?

► Abschn. 4.e)(3)(b)

Unterscheiden Sie die Begriffe: Inhaltsadressat, Bekanntgabeadressat und Empfänger!

► Abschn. 4.e)(3)(c)

Unterscheiden Sie die Formen der Bekanntgabe von schriftlichen Verwaltungsakten!

► Abschn. 4.e)(3)(d)

Was führt zur Nichtigkeit eines Verwaltungsaktes?

► Abschn. 4.e)(4)

Welche Tatbestände müssen erfüllt sein, damit ein Verwaltungsakt nichtig ist?

► Abschn. 4.e)(4)(a)

Wann ist ein Fehler im Verwaltungsakt besonders schwerwiegend?

► Abschn. 4.e)(4)(c)

Was setzt die Teilnichtigkeit voraus?

► Abschn. 4.e)(4)(d)

Wonach lassen sich Fehler im Verwaltungsakt einteilen?

► Abschn. 4.f)

Was versteht man unter „materiell rechtswidriger VA“ und „formell rechtswidriger VA“?

► Abschn. 4.f)(1)

► Abschn. 4.f)(2)

Was ist das Veranlagungsverfahren?

► Abschn. 5.

Was garantiert der Grundsatz „Gesetzmäßigkeit der Besteuerung“?
▸ Abschn. 5.a)(1)

Was besagt der Gleichheitsgrundsatz?
▸ Abschn. 5.a)(2)

Was versteht man unter dem Untersuchungsgrundsatz?
▸ Abschn. 5.a)(3)

Was bedeutet Recht auf Gehör?
▸ Abschn. 5.a)(4)

Wer ist Beteiligter des Ermittlungsverfahrens?
▸ Abschn. 5.b)

Was fällt unter die Mitwirkungspflichten des Beteiligten?
▸ Abschn. 5.c)

Was zählt zu den Beweismitteln der Finanzbehörde?
▸ Abschn. 5.d)(1)

Wozu dient der Verspätungszuschlag?
▸ Abschn. 5.d)(2)

Nennen Sie Zwangsmittel, mit denen das Finanzamt Pflichten durchsetzen kann!
▸ Abschn. 5.d)(3)

Wann muss das Finanzamt die Besteuerungsgrundlage schätzen?
▸ Abschn. 5.d)(4)

Nennen Sie drei Arten von Bescheiden!
▸ Abschn. 5.e)

Wann endet das Steuerfestsetzungsverfahren?
▸ Abschn. 5.e)

Welche Formerfordernisse gibt es für Steuerbescheide?
► Abschn. 5.e)(1)

Was ist ein Nullbescheid?
► Abschn. 5.e)(2)

Wann kommen zusammengefasste Steuerbescheide in Frage?
► Abschn. 5.e)(3)

Was ist die Voraussetzung der Vorbehaltsfestsetzung?
► Abschn. 5.e)(4)

Worauf muss sich die Ungewissheit beziehen?
► Abschn. 5.e)(5)

Was ist ein Freistellungsbescheid?
► Abschn. 5.e)(6)

Was versteht man unter einem Vorauszahlungsbescheid?
► Abschn. 5.e)(7)

Wie wirken Steueranmeldungen?
► Abschn. 5.e)(8)

Wovor schützt das Steuergeheimnis den Bürger?
► Abschn. 6.

Wer ist zur Wahrung des Steuergeheimnisses verpflichtet?
► Abschn. 6.a)(1)

Was ist durch das Steuergeheimnis geschützt?
► Abschn. 6.a)(2)

Durch welche Handlungen kann das Steuergeheimnis verletzt werden?
► Abschn. 6.a)(3)

Nennen Sie 5 Erlaubnistatbestände!
► Abschn. 6.b)

Wann liegt eine Verletzung des Steuergeheimnisses vor?

► Abschn. 6.c)

Welche Folgen hat die Verletzung des Steuergeheimnisses?

► Abschn. 6.d)

Wie wird ein Steuerverwaltungsakt bekannt?

► Abschn. 7.a)

Wann ist der Vertrauensschutz nicht gerechtfertigt?

► Abschn. 7.b)

Nennen Sie Voraussetzungen für die Korrektur von Verwaltungsakten!

► Abschn. 7.b)(1)

Wann hat ein Steuerpflichtiger Anspruch auf Berichtigung eines Verwaltungsaktes?

► Abschn. 7.b)(2)

Wie lange kann ein Steuerbescheid berichtigt werden?

► Abschn. 7.b)(3)

Was versteht man unter „sonstigen Steuerverwaltungsakten"?

► Abschn. 7.c)

Wann gilt ein Verwaltungsakt als rechtswidrig?

► Abschn. 7.c)(1)

Was ist die Besonderheit bei dem Widerruf rechtmäßiger Verwaltungsakte?

► Abschn. 7.c)(2)

Wann dürfen Steuerbescheide aufgehoben oder geändert werden?

► Abschn. 7.d)

Wann sind Steuerbescheide aufgrund neuer Tatsachen oder Beweismittel zu ändern oder aufzuheben?

- Abschn. 7.e)

Was ist eine Tatsache?

- Abschn. 7.e)(1)(a)

Wann werden Tatsachen oder Beweismittel nachträglich bekannt?

- Abschn. 7.e)(1)(b)

Was bewirkt die punktuelle Berichtigung eines Bescheides?

- Abschn. 7.e)(2)

Wann genießt ein zu ändernder Bescheid erhöhten Bestandsschutz?

- Abschn. 7.e)(3)

Kann ein und derselbe Bescheid mehrfach besteuert werden?

- Abschn. 7.f)

Was versteht man unter einem positiven Widerstreit?

- Abschn. 7.f)(1)

Was versteht man unter einem negativen Widerstreit?

- Abschn. 7.f)(2)

Was ist ein Grundlagenbescheid?

- Abschn. 7.g)

Welche Voraussetzungen müssen erfüllt sein, damit ein Bescheid nachträglich geändert wird?

- Abschn. 7.h)

Wie ist mit der Änderung der Steuerfestsetzung vorzugehen?

- Abschn. 7.i)

Was sind materielle Fehler?

- Abschn. 7.j)

Was ist eine Sprungklage?

► Abschn. 8.a)

Was ist das Besondere an außerordentlichen Rechtsbehelfen?

► Abschn. 8.b)

Was kann die Verwaltung im Einspruchsverfahren nachholen?

► Abschn. 8.c)

Nennen Sie verschiedene Klagearten!

► Abschn. 8.d)

Was versteht man unter Revisionsverfahren?

► Abschn. 8.e)

Wie erlöschen Ansprüche aus dem Steuerschuldverhältnis?

► Abschn. 9.

Kann ein Dritter die Zahlung eines Steuerschuldverhältnisses vornehmen?

► Abschn. 9.a)

Was versteht man unter Aufrechnung?

► Abschn. 9.b)

Was setzt die Aufrechnungsklage voraus?

► Abschn. 9.b)(1)

Was ist eine Aufrechnungserklärung?

► Abschn. 9.b)(2)

Wann erlöschen die Forderungen, wenn sie sich decken?

► Abschn. 9.b)(3)

Was ist der Unterschied zwischen Zahlungs- und Festsetzungserlass?

► Abschn. 9.c)

Was versteht man unter sachlicher und persönlicher Unbilligkeit?

► Abschn. 9.c)(1)

Wodurch wird ein Festsetzungserlass erreicht?

► Abschn. 9.c)(2)

Was ist der Unterschied zwischen Festsetzungs- und Zahlungsverjährung?

► Abschn. 9.d)

Was ist mit dem Eintritt der Festsetzungsverjährung erloschen?

► Abschn. 9.d)(1)

Was erfasst die Zahlungsverjährung?

► Abschn. 9.d)(2)

Was bedeutet Haftung im Steuerrecht?

► Abschn. 10.a)

Wonach ist die Haftung zu unterscheiden?

► Abschn. 10.b)

Woraus ergibt sich eine vertragliche Haftung?

► Abschn. 10.b)(1)

Woraus ergibt sich eine gesetzliche Haftung?

► Abschn. 10.b)(2)

Was bedeutet Erschließungs- bzw. Auswahlermessen?

► Abschn. 10.c)

Wie kann man feststellen, dass eine Steuer verkürzt wurde?

► Abschn. 11.a)

Nennen Sie Besonderheiten des Steuerstrafverfahrens!

► Abschn. 11.a)(1)

Wie ist das Vorliegen einer vollendeten Steuerstraftat zu prüfen?

► Abschn. 11.a)(2)

Was ist der Grundtatbestand der Steuerhinterziehung?

► Abschn. 11.b)

Was ist bei der Tathandlung der Steuerhinterziehung zu unterscheiden?

► Abschn. 11.b)(1)

Was zählt zu steuerlich erheblichen Tatsachen?

► Abschn. 11.b)(1)(a)

Was bedeutet Steuerhinterziehung durch Unterlassen?

► Abschn. 11.b)(1)(b)

Was zählt zum Taterfolg der Steuerhinterziehung?

► Abschn. 11.b)(2)

Wann gelten Steuern als verkürzt?

► Abschn. 11.b)(2)(a)

Was ist ein Steuervorteil?

► Abschn. 11.b)(2)(b)

Was versteht man unter dem Kompensationsverbot?

► Abschn. 11.b)(2)(c)

Wann ist ein Eventualvorsatz anzunehmen?

► Abschn. 11.b)(3)

Nennen Sie den Unterschied zwischen Täterschaft und Teilnahme!

► Abschn. 11.c)

Wer ist Alleintäter?

► Abschn. 11.c)(1)

Wer ist mittelbarer Täter?

► Abschn. 11.c)(2)

Was ist eine Mittäterschaft?

► Abschn. 11.c)(3)

Was ist eine Anstiftung?

► Abschn. 11.c)(4)

Was versteht man unter der Beihilfe?

► Abschn. 11.c)(5)

Wann liegt eine versuchte Steuerhinterziehung vor?

► Abschn. 11.d)

Wie wird eine strafbefreiende Selbstanzeige wirksam?

► Abschn. 11.e)

Für welchen Tatbestand wird die Selbstanzeige eröffnet?

► Abschn. 11.e)(1)

Wann kann eine Selbstanzeige nicht mehr wirksam sein?

► Abschn. 11.e)(2)

Was muss der Steuerpflichtige tun, bevor er Straffreiheit erlangt?

► Abschn. 11.e)(3)

Welche Folgen ergeben sich aus der leichtfertigen Steuerverkürzung?

► Abschn. 11.f)

Stichwortverzeichnis